醫美大叔的戀愛腦摘除手術

醫美大叔．萬寶城 著

目次

自序

我在韓國出生，小時候在台灣讀過書。國中畢業後全家人又搬回韓國。

回韓國住了不到一年，因為太想念在台灣的女朋友，偷打了好幾萬的國際電話，然後被打個半死。跟父母溝通後，十六歲時就自己一個人飛回台灣獨自生活。結果回台灣沒多久就被甩了。

高中就讀男女比例懸殊的松山家商，永遠記得開學第一天，進校門前等紅綠燈時，身邊全是女生。

因為對心理學有興趣，高中畢業後，考上了輔仁大學心理學系。系上女生的比例也是遠遠高於男生。

大學畢業後，偶然踏進了醫學美容這行，客人都是女生、同事都是女生、廠商也大多都是女生。

回首至今，我的人生，充滿女生，所以我還算略懂女生。我只能說，越是了解女生，越會覺得還好自己不是女生。

你知道女生維持外貌 有多花錢嗎？

你知道女生產後恢復 有多辛苦嗎？

你知道女生職場升遷 有多吃虧嗎？

你知道女生婚後地位 有多不公嗎？

這世界對她們的苛刻，往往超乎男生的想像。

希望這本書能給女生們一絲力量，幫助她們在感情與關係中找到清晰和理性。

書的內容都是基於我的經驗回答，也許不適合每個人。但如果書中的內容，能讓你洞察真相、少走彎路的話，那麼這本書的使命就達成了。

期許它能成為你的小小指南，陪伴你找到愛與被愛的平衡。

——醫美大叔．萬寶城

怎麼樣的男人值得信任？

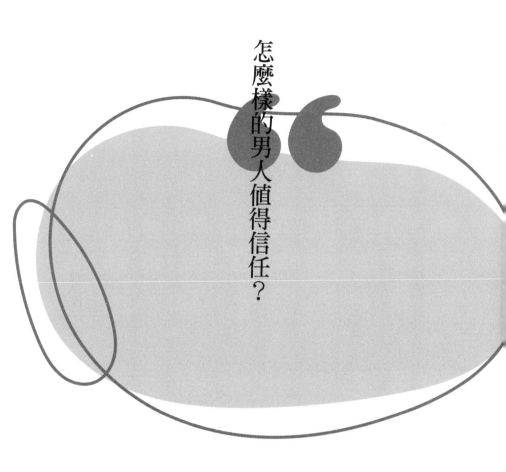

男人最重要的就是要「說到做到」：答應你的每一件事情都有做到，你講的所有話他都記在心裡。信任不是一朝一夕就可以建立起來的，而是要一點一滴累積起來的。所有的信任都是這樣。一個男人值不值得信任，就要看他有沒有從這些小事去累積。

如果一個男人今天說：「我六點會準時去接你下班。」或是「我六點就會到你家接你。」結果每次都六點半甚至七點才到。如果他總是遲到，那怎麼可能有辦法讓對方建立信任感？

拿我自己當個例子好了。我曾經有任女友，她每天都要喝一杯咖啡，但我是不喝咖啡的人。有一次我開車去載她，上車後她跟我說：「我想要喝咖啡，等下能不能看到便利商店就在路邊停一下，讓我買杯咖啡。」我說：「好，我知道了。」結果我忘記這件事，車一開就直接上高速公路。到了目的地我才發現她有點不太高興，她跟我說：「我剛剛不是說我想喝咖啡嗎？」我說：「啊……對。」她氣著問：「咖啡呢？」

從此之後，只要她一上我的車，我第一句話就是問她：「你今天喝咖啡了嗎？你現在想不想喝咖啡？我先帶你去買咖啡再出發？」每一次我都會這樣問。即使我其實已經知道她喝過咖啡了，可是她上車後我還是會再問她一次。為什麼？因為我要加強她一個認知，那就是我記得她講的話，從那次之後，只要我每次都記得，自然就會慢慢建立起她對我的信任。記得你說過的話、在乎你在乎的事情，才能代表他真心在乎你。

所以說到做到絕對是最基本且最重要的第一點。

不是每個人都需要雨傘，
對於 想要淋雨 的人來說，
他真正需要的是 空間。

有些人要的
不是被關心，
而是 不被打擾。

第二點就是，值得信任的男人會讓你去了解他。心理學有一個名詞叫做「自我揭露」。讓你了解我是怎麼樣的人，我們之間的距離就會拉近，距離拉近的話，就比較容易產生信任。一個值得信任的男人，會主動讓你了解他的生活作息，也會讓你知道他的交友圈。你越了解他，他就越難欺騙你、隱瞞你。

如果你問我，「自我揭露」跟「個人隱私」該怎麼區分呢？

我想保有一點個人隱私，又希望對方信任我，這該怎麼界定呢？

每個人都可以有自己的祕密，需要注意的個人隱私是，當你把這件事情跟對方說了，對方將來有可能會拿這件事情來傷害你、威脅你。這種個人隱私就不一定要跟對方說。

例如，如果今天有個女生去做了一些整形手術，假設是隆乳好了，或者她鼻子是做的，這種事一定要跟男朋友講嗎？我個人覺得，如果在你沒有完全信任他之前先別講。為什麼呢？因為如果有一天你們分手了，你不知道他會不會拿這件事情去到處跟別人講。這對你來說就是一種傷害，你不可以讓把柄留在對方手上。這些有可能會成為把柄的事情，你不一定要自我揭露。

也就是說，在還沒有建立完全信任以前，先保有自己的個人隱私，也是自我保護的一種。

忽冷忽熱的熱水器，
就是 壞了，快找人來修吧。
繼續洗，容易感冒的。

忽冷忽熱的另一半，
也是 壞了，就直接丟了吧。
不離開，是會折壽的。

反正 是修不好了。

第三點，值得你信任的男人還要做到一件事，就是他願意相信你，不會凡事疑神疑鬼。每個人都很容易用自己的一些思維習慣，去揣測他人的行為，畢竟人都是無法脫離主觀的。如果你遇到一個總是在懷疑對方可能出軌或是不忠的人，其實那可能代表著他自己就是這樣的人，所以才會這樣想你。

一個不太容易信任別人的人，自己一定也是一個沒有安全感的人，沒有安全感的人要怎麼給別人安全感？

最後，假設女生實驗完這三點之後，她終於相信了一個男人，結果那個男人卻還是說謊騙她、傷害她，那她還可以再去相信他嗎？

通常我對一個人的信任，一開始是零，然後慢慢由小事累積信任值，但最高頂多只能到九十九分，就已經可以算是完全的信任了（因為百分之一百的信任太危險）。但只要那個人對我說謊，傷害了這份信任，就會讓我對這個人扣分，他之後做再多都只剩八十分，因為他有前科，回不去了。

畢竟他有了前科，就會讓人沒辦法像之前那樣放心。就像你今天去搭一輛火車，你知道這輛火車曾經出軌過，那你還敢再搭嗎？你可能會願意，但同時你就要承擔這個風險。

這個人值不值得再次信任呢？這就要看他對你造成的傷害有多大，以及你願意承擔的風險有多大。如果他撒的只是小謊，可能就只扣個二十分。如果是劈腿或是背叛，有可能一扣就直

如果你真的 夠好，
那麼不珍惜你的人，
就是個智障。

既然你 那麼好，
就別和 智障 計較了。

接扣到不及格了。要是你問我對方劈腿過我，我還會原諒他嗎？如果我很愛他，愛到願意承擔這個風險，也許我會再給他一次機會，但是對我來說他的滿分永遠都只剩下六十分而已了。

所以說謊的代價很大，劈腿的人真的要事先就想清楚。

「真的說謊或劈腿了，犯錯的人該怎麼去挽救彼此間的信任呢？」

如果你想要重新得到對方的信任，就要從每件小事，一件一件慢慢去累積信任。但是你要先給自己一個心理準備，想重新取得信任，絕對比當初更困難。所以你要很努力，而且要加倍努力。

你必須要知道：對方對你的信任程度永遠都不可能回到九十九分了。所以你也不要覺得自己努力了很多，結果對方沒有辦法回到原來的信任程度，你就覺得對方很苛刻。你不能這樣想，因為是你先傷害對方的。

我們得認清一件事：失去信任就像是破碎的玻璃，即使你努力把它黏合起來，那些裂縫依然存在。這就意味著，一旦信任被破壞，那份完美無瑕的關係已經不復存在。但這不意味著一切都結束了。事實上，這也是一個檢驗你們關係深度和你個人成長的機會。

首先，你得真誠道歉。我說的不是那種「對不起，但是……」這種半吊子的道歉。你需要的是沒有「但是」，直接承認錯誤並

通常 覺得自己還不夠好的人，
其實 都已經是很好的人了。
至於 常常覺得別人不好的人，
當然 也都不會什麼好人。

善良的人 謙虛，習慣反省自己；
自私的人 狹隘，喜歡檢討他人。

表達後悔的道歉。你必須清楚地表達你了解自己的行為是如何傷害到對方的，並且表明你願意採取一切必要的措施來改正這一錯誤。這種道歉不是為了讓自己好過，而是讓受傷的人感到你的真誠和悔意。

接下來，你得展現出改變的行動。話語是便宜的，行動才是最有力的證明。如果你曾經說謊，那麼從現在起，你的生活得像一本打開的書一樣透明。這可能意味著更頻繁地分享你的日常、感受和計畫，甚至是提供一些你從未想過會分享的信息。當然，這不是說你沒有隱私權，而是要讓對方感受到你願意打開自己，減少他們的不安和疑慮。

與此同時，給對方時間和空間。這點很重要。你不能期待對方在一夜之間就原諒你，信任的重建需要時間，是一個漫長的過程。這期間，你得有耐心，不能因為對方沒有按照你的預期進展就感到沮喪或生氣。

溝通也很關鍵。這意味著你要傾聽，聽見對方的感受和需求，而不是只等著反駁。你可能會聽到一些讓你感到不舒服或難以接受的事情，但這是恢復信任過程中不可或缺的一部分。透過溝通，你們可以更好地理解彼此，找到前進的道路。

最後，需要保持一致性。信任的重建不是一蹴而就的事，而是一個持續不斷努力的過程。這意味著你必須在長時間內一直保持你的承諾和行為一致。一次的失誤可以是個意外，但反覆的失誤就是一種選擇。你的行動必須證明你是一個值得信賴的人，不

車 只要出軌一次，
就沒人敢搭了；
因為不夠安全了。

人 也是出軌一次，
就沒有信任了，
因為 不再完整了。

只是今天，而是每一天。

信任一旦受損，就需要巨大的努力去修復。但如果你真心願意付出這份努力，這個過程本身就是對你個人品質的提升，也是對關係的深化。要記得，真正的關係不是建立在從未犯錯上，而是在於當錯誤發生時，你們如何攜手克服。在這個過程中，不只是修復信任，也同時學習如何成為更好的伴侶，這是任何關係中最寶貴的資產。

值得信任的男人不僅僅在於偶爾的信守承諾，而是他的行為模式、思維方式及情感表達上，都能體現出他對誠信和責任的重視。這類男人具備以下幾個特質：

第一，自我認知和誠實。了解自己的優點和缺點，對自己有深刻的認知，不會因為害怕失去面子而隱瞞真實的自己。這種自我認知的結果，就是誠實。誠實地對待自己，也會以相同的標準對待周圍的人。

第二，責任感。無論是對工作還是對家庭，都全力以赴，盡自己最大的努力去完成承諾，並對自己的言行負責。當面對失敗和挫折時，勇於承擔責任，從錯誤中學習，並尋求改進的方法。

第三，尊重和理解。懂得尊重他人，包括對方的想法、感受和需求。採用開放的心態去聆聽不同的觀點，並且努力理解對方的立場。關係中的信任能安穩地建立於相互尊重和理解之上。

不要因為 老二癢
就去招惹你不怎麼愛的女人，
爛人 是會有報應的；

不要為了 虛榮感
就去挑逗 妳不想做愛的男人，
賤人 是會被排擠的。

第四，良性溝通。良好的溝通是建立和維護信任的關鍵。無論是表達自己的需求，還是聆聽對方的想法，都能保持開放和誠懇的態度。透過有效的溝通，及時解決誤會和衝突，避免不必要的猜疑。

第五，忠誠和承諾。忠誠不僅體現在對伴侶的忠貞不二，承諾去愛、去尊重、去支持、給予對方安全感。讓對方深信無論未來道路多麼崎嶇，都有最堅強的後盾一路陪伴。

總之，值得信任的男人是那些在日常生活中不斷展現出誠實、責任感、尊重、溝通能力和忠誠的人。關鍵不在於他們偶爾的大舉動，而是在於他們日常小事中的一貫表現，延伸出一生的實踐。

♂ 醫美大叔與網友的Q&A ♀

Q1：要如何知道男生對我是真心的還是演的呢？

首先，你一定不會知道，如果他演技超好，你根本就看不出來他是真心的還是演的。唯一能做的就是相處越久越好，因為演是不可能演一輩子的。如果說想要再更快一點發現的話，就是觀察他曾經做得到的事情，他現在做不做得到。如果他以前曾經做得到，現在卻做不到，就代表那個時候的他，可能是為了討好你而演出來的。

舉個例來說，我有一位女性朋友認識了一個男生，那個男生

愛，
不是 一個人的迎合，
而是 兩個人的磨合；

愛，
只要彼此 都成熟，
沒有什麼 不適合。

超級紳士，開車去接她時會幫她開車門，然後到了目的地之後，他還會下車走到車的另一邊幫她開車門，讓她下車。她跟我說，她覺得這件事情很貼心、很加分。但我心裡想的是：「這太假了吧，最好是他以後也都會保持這樣。」

我自認是個滿貼心的人，但這件事情我做不到。我實在很難相信這件事情會有男人可以做一輩子。我覺得我能夠做到的就是，今天我要載一個女生出去時，我會先去清理一下車子，讓車子變得很乾淨，代表對她的一種重視。頂多坐在車內伸手幫她開一下車門，畢竟車門對女生來說有點重。可是要我每次都下車幫女生開車門，我實在沒辦法過自己心裡那一關。因為我不喜歡做沒把握將來也不會變的事情，對我來說那是一種虛偽。

有多少男生，在一起前天天接送、風雨無阻，在一起後你希望他載你，他卻指責你把他當司機。我覺得除非女生自己提出，她知道男生每次都接她下班也很辛苦，她其實可以自己回家。如果女生自己主動提出，然後男生也感恩，覺得這女生有替他著想，不想讓他那麼累，那就是另外一回事。但如果你遇到的男生一開始做得到的付出，後面卻都做不到，那女生可能就要注意一下了。

再來，讓我們聊聊另一個方面。在判斷一個男人是否真心時，另一個關鍵指標就是他在你需要支持時的表現。我們不是在談論那種你要他陪你去購物、或是陪你看你愛看的浪漫喜劇那種場合。我們是在說，當你遇到困難，比如工作壓力大、家庭問題，或是個人情緒低落時，他是不是還能夠給予你同等的關注和

如果 除了妳以外，
沒有人知道 他是妳男友的話。
那麼實際上 妳男友 等於 單身。

見不得光 的感情，無法行 光合作用；
見不得人 的關係，也只是 自欺欺人。

真心愛妳的男人，
是不會低調到 讓妳受委屈的。

支持。

如果他只在你快樂時陪伴你，而在你需要肩膀的時候卻消失得無影無蹤，那麼這種男人的真心有待商榷。真正關心你的人，會在你最需要支持的時候給予你力量，而不是選擇性地出現在你生活中的陽光時刻。

另外，還有一點很重要，那就是他是否願意在他的生活中給你一個位置。這不僅僅是指讓你進入他的社交圈，更是指他是否願意與你分享他的日常、他的夢想，以及他的困擾。一個願意讓你全面了解他的男人，是一個沒有把你當成外人的男人。他願意讓你進入他的內心世界，這本身就是對你真心的最大證明。

但別忘了，這些判斷都需要時間來驗證。任何人都可以在短時間內做出表面的努力，但唯有時間，才能揭露一個人是否真的值得你的信任和投入。如果他能在長期的相處中，持續地給予你關心、支持，並且在你生命中扮演積極的角色，那麼這樣的男人無疑是真心對你的。

Q2：一個男人的觀察期有多久？

我覺得觀察期是一輩子的。

因為人（包括自己）一定都會變，只是變好與變壞、變多或變少的差別而已。十年前的自己跟現在的自己，觀念跟想法都會有所不同了，更何況是你跟他人之間的關係。不僅僅是男女朋友

當你 認識「愛情」的時候，
同時也就 學會了「寂寞」，
接著就會 染上了「佔有」。

「放下」是最困難的 功課，
「自愛」是最重要的 補習，
只有「時間」能讓你 畢業。

間的關係，就連普通朋友間也是如此。正如我們之前提到的，信任值最高可達九十九分，這是因為你無法預知未來的他會不會改變。即便是那些你已經認識十年以上的朋友，由於不可能每天都保持聯繫，十年間你無法得知他們經歷了什麼、心境上是否發生了重大變化，於是他們或許已不再是你當初認識的那個人了。

在信任一個人的初期，往往會比較困難，需要仔細地觀察和考量。但是，一旦信任度達到一個穩定的水平，接下來的相處就會較為輕鬆。

然而，如果你發現有些情況開始讓你覺得不對勁，或是出現了一些令你懷疑的跡象，那麼你就需要重新評估對這個人的信任了。一旦信任積累到了九十九分，這並不代表你就可以完全放心了。任何時候，如果對方做出了應該扣分的行為，你就應該警覺，不能再像以前那樣毫無保留地信任他。所以，當我說觀察期是一輩子，這正是我想表達的意思。

談到這個「觀察期是一輩子」的觀點，許多人可能會覺得這聽起來很累人，確實，維持這種長期的警惕確實需要耗費不少精力。但不管是愛情還是其他形式的人際關係，都需要雙方的不斷努力和維護。千萬不要以為一開始投入了大量的心力，之後就能高枕無憂。關係中的信任就像是一棵植物，需要不斷的澆水和施肥才能持續茁壯成長。

真正的挑戰在於，如何在這長期的觀察過程中，保持一顆平靜的心。不應該因為每一次的小風波而過度焦慮，也不應該因為

一個人如果可以
「一直」對另一個人好，
不是因為 有企圖，
而是因為 你值得。

其實 我需要你，
不是因為 你能幫到我什麼，
而是因為 你比什麼都重要。

對方的微小變化就急於下定論。人的變化是自然的過程，重要的是要看這些變化是否影響到了你們之間的基本信任和關係的質量。

溝通的重要性絕對不能被忽視。當問題出現時，不應該把它悶在心裡，也不應該獨自胡思亂想。勇敢地開口溝通，很多時候你會發現，許多誤解和不安全感其實都是因為缺乏溝通而產生的。有效的溝通能夠幫助解決問題，同時也能讓關係變得更加穩固。

學會給予對方足夠的空間也十分重要。觀察並不等於監視，相信對方的前提是給予對方一定的自由。每個人都需要有自己的空間和時間來發展個人的興趣和生活。尊重對方，實際上也是尊重自己。當雙方都擁有各自充實的生活時，相聚的時光將會更加珍貴。

保有一顆感恩的心也是不可或缺的。感謝對方在你生命中的存在，無論他們帶來的是快樂還是成長的機會。當你以一顆感激的心態去面對這段關係時，你會發現，即便在觀察和維護這段關係的過程中，也能夠感受到幸福和滿足。

因此，「觀察期一輩子」並不意味著你需要時時刻刻處於擔心和不安中，而是要提醒你，維持一段關係需要雙方的持續努力和維護，這正是愛情最真實的表現方式。

Q3：如果男朋友因為怕我生氣，所以說了善意的謊言，我要原諒

再成熟的男人，
找到 他真心愛的女人，
也會變成大男孩；
再獨立的女人，
遇到 真正愛她的男人，
也會變成小女孩。

當大人擁有足夠的 安全感，
都會變成一個 可愛的小孩。

他嗎？

首先我們先定義一下什麼是善意的謊言。我覺得善意的謊言是為了你好而撒的謊，這才叫善意的謊言。而他怕你生氣這件事情，並不是為了你。他不想讓你那麼生氣是為什麼？是因為你生氣以後，他會倒楣。所以他講的這個謊言是為了他自己。我不認為這是善意的謊言。

為了保護你而撒的謊，才是善意的謊言，所以這種只想保護自己的謊言就不是。再者，女生在意的不是說你撒什麼謊，而是你撒了謊。不管是哪一種撒謊，都是相當破壞關係的。因為你撒謊被她發現了，要花很多的心力去彌補她，重新建立信任。那你還不如一開始就拿這個時間去做溝通。你會說謊就是怕她不同意，至少你溝通過，就算失敗了，這件事情也不會傷害到你們彼此之間的信任。

當然，這裡就帶來了另一個問題：如果你的男朋友因為這種所謂的「善意的謊言」而向你求原諒，你該不該給他這個機會呢？這個問題的答案並不是那麼直白。

首先，你得問問自己，這種情況是不是一次性的，還是已經成為他的慣性行為？如果這只是一次偶發事件，而且他之後能夠誠實地坦白，並且承諾不再重複，或許你可以考慮給他一次機會。畢竟，每個人都有犯錯的時候，關鍵是他是否願意從錯誤中學習，並且努力改正。

有空才愛你、
無聊才想你、
寂寞才抱你，
這不叫愛你，這叫 有需要。

無時無刻 都需要你，
會害怕 不被你需要。
這才是 愛你。

但如果你發現這已經不是第一次了，他總是用「不想讓你生氣」作為藉口來掩飾事實，那麼這就是一個大問題了。這種行為模式顯示出他不夠尊重你，不夠信任你能夠處理真相。長期下去，這種關係只會讓你感到精疲力盡，因為你永遠不知道他說的話有多少是真的。

接下來，你還要考慮他撒謊的動機。正如我們前面提到的，如果這個謊言純粹是為了他自己的利益，那麼這並不是什麼善意的謊言。真正想跟你發展長期關係的人，會選擇與你坦誠相對，哪怕這可能會導致一些短暫的不快。他們願意面對問題，而不是選擇逃避。

原諒並不意味著忘記。即使你選擇原諒他，也需要一個過程來重新建立信任。這需要他的努力，也需要你的時間。如果他真的願意改變，願意透過實際行動來證明他的誠意，那麼或許你們還有機會重回正軌。

不要忘了聽聽自己的內心。如果你覺得這段關係讓你感到不安，不快樂，那麼也許是時候重新評估你們的關係了。真正的愛情應該讓你感到舒適和安全，而不是不斷地質疑和不安。

「心」被關在「門」內，
就會「悶」住了。

「心」怕被「刃」割傷，
只能「忍」耐著。

「心」終於死「亡」了，
因此「忘」掉了。

感「受」到的真「心」，
才叫 被「愛」著。

男人是喜歡你，還是喜歡你的身體？

要判斷一個男人對你的感情是真心的，還是只圍繞在你的身體上，老實說連身為男人的我都沒有把握。特別是當對方是一個耐心充足、心機深沉的人時。如果他願意投入大量的時間與精力，只為了最終能與你上床，那麼這種情況下的真實意圖就特別難以捉摸。

一般情況下，如果男生真正對你有誠意，他不會吝嗇於花費時間和精力來追求你、與你共度時光，並在這個過程中展現出他的付出和關懷。這種付出和時間的投資，往往是判斷他是否真心喜歡你的一個重要指標。當然，他對你的喜歡可能會有不同的層面，包括對你的人格和你的身體都有一定程度的吸引，但究竟哪一種情感占據了主導，則需要時間來揭示真相。

普遍來說，男生如果沒那麼喜歡你，他可能很快就會表現出厭倦和不耐煩，不願意再為這段關係投入更多。對你的感情，明顯缺乏深度，相對容易辨識。相反地，如果他願意長時間地與你保持聯繫，並持續地在你身上投入時間和精力，這至少表明，他對你有一定程度的喜愛和重視。

但有沒有什麼可以觀察的重點呢？除了一些真的很有心機、很有耐心、城府很深的男生，那些我也沒有辦法以外，這裡只能「盡量」先幫大家過濾掉「一般」有可能只喜歡你身體的男生。

首先就是看你們還沒有在一起時，只是剛認識而已或者還在曖昧，他是不是就會跟你有很多肢體上的接觸。可能在出去的時候，沒事就牽你的手，過馬路時扶你的腰，或是勾你的肩膀之類

分手不要跟我說：
「你可以找到更好的。」

我要的不是 更好的，
而是我們可以 好好的。

的。你們明明還沒有在一起，只是剛認識而已就做這樣的舉動，其實都是在測試你的底線，如果他做了這些行為你都沒有制止，或是口頭拒絕，他就會覺得你可能是可以接受這樣關係的人。

他會一步一步的試探，可能他在跟你聊天的時候，會常常跟你開黃腔，而他每次開黃腔時你也沒有制止，任由他繼續這方面的話題。其實遇到這種狀況時，女生不要因為覺得只是基於禮貌就配合回應，如果你是想要他認真的跟你在一起的話，就要表達出你不喜歡這樣子，但如果你表達了以後，他卻不以為意，反而覺得有必要這麼嚴肅嗎？說你開不起玩笑。其實這樣的男生，你就可以直接把他淘汰。這代表他可能就是個愛這樣到處玩玩的爛咖。

再來，他在跟你聊天的時候，會想了解你對性的觀念是怎樣的。他如果問你：「你是那種性愛可以分離的人嗎？」或是：「你有沒有試過還沒有跟那個人在一起就上床呢？」又或是：「你覺得試車是什麼樣的概念？」如果他一直問這種問題去試探你，那通常他可能就是想要跟你性愛分離，才會問這樣的問題。所以這一點很重要，如果你發現那個男生有這樣的行為，就要心裡有底了。

記得，跟男生上床前，一定要跟他確定關係。假如你們已經很曖昧了，然後互相也都有好感，感情升溫到了某種程度，男生想跟你約在家裡見面。在關係還沒有很明確時，男生就邀請你去他家的話，你一定要事先想清楚。

一個人，
光有自信，
卻沒有 自覺，
就是一種 智障。

如果你答應了，其實很多男生就會覺得你可能默許了一些行為，雖然也有可能你只是想要更了解這個男生，你去他家只是為了看一下他家是不是有一些其他女生的東西。你是這樣的心態，但男生可不一定是這樣想，他可能會覺得他有機會了，而且你來就代表你默許了。

當你們發展到一些比較親密的舉動，你真心喜歡那個男生，而且你是想跟他認真交往在一起的，那你就要很明確的問清楚：「我們現在是什麼關係？」

只要他給你的答案是模稜兩可的，比方你問：「我們現在是男女朋友嗎？」他回答說：「你現在是我最在乎的女生。」或是：「我現在最喜歡的人是你。」又或是：「你在我心目中是最特別的。」你就要追問：「是喔？那我是你女朋友嗎？」不要怕破壞氣氛，你一定要問得非常清楚。只要他不給你一個很明確的答案，就代表說他不想要進入一個穩定的關係，那你就一定要踩住自己的底線，保護好自己。

或許每一個人對於性的觀念可能不一樣，但你一定要讓男生知道你的原則就是這樣。

他如果真的喜歡你的話，他就應該要知道你很在乎名份，你的原則就是一定要在一起之後才能上床。

如果這個男生沒那麼沒良心的話，他可能就會好好評估一下這段關係他想要怎麼發展。當然也不排除有些男生很渣，可能就

真的不用 容貌焦慮，
並不是 漂亮的女人，
就一定會 被愛，
更多的是 被騙。

是隨口說說：「都ＯＫ啊，我們就是男女朋友。」但其實他只是想上床。於是隨便承諾：「那就在一起啊。」也是有這種可能性。這種渣男，說實在真的很難去預防。但我建議只要你覺得沒辦法信任他的話，在一起後還是可以先不上床，過幾個月後等你準備好後，對他更加信任後再發生關係。

在一起之後才能上床，從來就不等於在一起就可以上床。

如果你希望還能從一些小跡象去注意的話，有一些地方可以觀察看看。比如他願意付出多少金錢在你身上，他願意拿出多少的誠意好好跟你在一起，有沒有花很多時間去陪你，在不在乎你現在遇到的問題、你發生的狀況，有沒有真心想要讓你開心。其實說到底，也就是日久見人心罷了。

所以一個人的內心是怎麼樣想的，是真心誠意還是只想玩玩，時間才是最重要的檢驗劑。還有另外一點就是，假設你們確立關係了，但是你發覺他身邊的朋友都不知道你的存在，你們好像是不公開的、私底下的一對。

雖然兩個人的感情世界沒必要公開讓全世界都知道，因為有些人會在乎自己的隱私，可能會覺得說等穩定一點再說。但如果這個男生連他身邊的好朋友、同事、每天相處的人都不知道他有個女朋友，那他只是玩玩的機率可能也很大。

那麼，接下來我再提幾個觀察重點讓你參考看看。

把妳當寶 的男人，才是 真正的寶，
這樣的寶，妳不當寶，
總有一天他會變成 別人老公；

對妳夠好 的男人，才叫 條件夠好，
條件再好，對妳不好，
即使有車有房有錢 有個屁用。

看看他是否只在需要你的時候才會聯繫你。這種情況下，你可能會發現，每當他感到孤單或者有需求的時候才會找你，而在其他時間，他對你的生活幾乎沒有興趣，不會主動關心你的日常或是你的感受。這種關係模式很明顯就是以他的需求為中心，而不是真的關心你。

觀察他是否只跟你談論表面的話題，很少深入交流。如果一個男生真心喜歡你，他會想更多地了解你，包括你的過去、你的夢想、你對事物的看法等等。相反，如果他對你的了解只停留在表面，甚至對你的個人生活和感受不感興趣，這可能就是一個警訊。

對你的稱讚是否只圍繞在你的外表或性吸引力上？當然，被認為是性感或漂亮是一件好事，但如果一個男人真的喜歡你，他的讚美不應該只停留在這些層面。他應該也會看到並欣賞你的智慧、幽默感、善良或其他非外表相關的品質。

還有一個很重要的點，一個只喜歡你身體的男生往往在你們發生關係後立即變得冷淡。如果你發現，一旦你們變得親密之後，他對你的熱情明顯降低，這是一個很明顯的跡象，表明他可能只是出於身體上的渴望而接近你。

一段關係需要雙方的共同維護，如果他真心喜歡你，即便是在忙碌的時候，他也會努力找時間與你相處，為你們的關係投入時間和努力。如果你發現他總是以工作忙碌或其他藉口來推脫不與你見面，這可能是他不夠在乎你的表現。

一道菜 只要夠香，就能吸引人；
一個人 只要夠好，也能吸引人。
吸引力 取決於 魅力，
魅力 需要的是 實力。

信任你的直覺。很多時候，我們內心深處其實已經知道答案。如果你感覺到他對你的關心只是表面的，或者總是讓你感到不安全和被利用，那麼這種感覺可能是有根據的。真正愛你的人會讓你感到被尊重和珍惜，而不是不斷地讓你質疑自己的價值。

♂ 醫美大叔與網友的Q&A ♀

Q1：對方都會帶我去認識他的朋友，是不是代表他對我是真心的呢？

大部分人會覺得應該是啊，可是我覺得要看這個男生到底是怎麼樣的個性。如果這個男生他本來就是一個交友圈很廣的人，那他的朋友的重量我相信就不會這麼重。他把你介紹給他的朋友，就像他只是介紹他很多的朋友給其他朋友認識一樣，不見得就代表著你特別的重要。但如果他是那種交友圈比較小的人，他的好朋友就是那幾個，然後他願意把你介紹給他們認識，那相較之下就比較有意義，可能就代表你在他心目中是很重要的。所以這個東西並沒有絕對的答案。

就算他交友圈很廣，在大家面前會說：「這是我女朋友」，那這樣還不算認真嗎？

你可以看他的一件事，就是每次相處時，這些朋友是不是每次都不一樣。可能你見到的那些朋友都是不重要的朋友，幾個月才見一次的，對他來說，下一次見朋友時如果再換個女朋友也很

獨立的女人 看起來
好像不需要 被疼，
其實，越獨立的女人
越值得 被疼。

因為你無法 想像，
這美麗的 獨立，
那背後的 經歷。

正常。這是一個非常值得注意的點，他的這些朋友你是不是會常常見到的，如果是頻率很高聚會的朋友圈才有意義。

進一步來說，當一個男生將你帶入他的生活，並非只是介紹你給他的朋友，那麼他對你的感情可能更加真實深刻。舉例來說，他是否會在需要做重要決定時徵詢你的意見？他是否會在你生病或遇到困難時主動提供幫助，甚至放棄自己的計劃來陪伴你？

另外，他對你的關心是否只限於言語，還是會轉化為實際行動？一個真心喜歡你的男生，會努力在你需要的時候為你做些什麼，而不僅僅是口頭上的安慰或承諾。比如，在你感到壓力大時給你製造放鬆的機會，或者在你感到失落時給予你實質上的支持

和鼓勵。

再來，真正認真的男生會尊重你的意見和決定，不會強迫你做任何你不願意的事。他們理解一段關係中雙方都應該有自己的空間和自由，並且會支持你追求自己的夢想和目標，而不是希望你完全圍繞在他的生活裡。

還有一個很重要的點，就是他是否願意與你共同規劃未來。如果一個男生真心希望與你長久相處，他會與你討論未來的計劃，包括生活、事業甚至是家庭。這些討論並不一定要非常具體，但是他願意和你分享他的夢想和未來的規劃，這本身就是對你們關係認真的表現。

真正愛妳的男人，
只會等妳 不會讓妳等；

值得妳愛的男人，
只要承諾 就會做得到。

Q2：男生一直不想跟她確認關係，卻一直對她很好，常買東西給她，她也確定對方只對她一個人好，這男生到底是什麼意思？

答應在一起，確定關係是一種承諾，每一個男生對於承諾的重量都不一樣，有些男生可以很輕易的就答應，但實際上卻沒有那個誠意，而有些男生他會覺得講出來的話就要負責，他不輕易答應在一起，因為對他來講，承諾是很重要的，如果他一直都沒有給你這樣的承諾，就代表你沒有重要到他願意跟你確立關係跟許下承諾，他對你的喜歡還是比較淺的。

但是他願意對你好是為什麼？是因為他覺得這種物質上的付出，跟承諾比起來，物質是比較容易的、比較方便的，所以他覺得可以先給你這些東西，讓你覺得你對我是重要的。但是你要很清楚的自我釐清，到底是這些物質比較重要，還是承諾比較重要，你真正需要的是哪一個？

如果他是一個很有錢的人，假設他每個月月收入破百萬，而他只是花個幾萬塊在你身上，或許你可能會覺得幾萬塊的付出是很多的，但對他來說就是九牛一毛而已，真的沒什麼。其實這些行為不能直接證明他很在乎你，頂多就是他有在對你做一些付出。然而物質與承諾，哪一個對你比較重要，你一定要自己去審視評估清楚。

在這種曖昧不清的關係中，你可能會感到特別困惑和無助。畢竟，這個男生的行為給了你足夠的甜頭，讓你覺得自己對他而言有重要性。但是，當你試圖挖掘更深層次的情感承諾時，他卻

如果不夠 真心，
請不要隨意走進 她的世界，
因為你承受不住 她給的一切。

心 交給你之後，
是 沒辦法還的。
心都碎了，怎麼還？

又退縮不前。

在一段關係中我們都有權利去尋求確定性。確定性不僅僅是對現狀的一種認可，更是對未來可能性的一種期待。如果對方一直不願意給你這種確定性，那麼這段關係就像是建立在沙土上的堡壘，看似堅固，實則一觸即崩。

物質上的付出雖然讓人心動，但它絕對不能成為評斷一個人對你情感深淺的唯一標準。一個人願意在你身上花錢，可能是因為他有這個經濟能力，或者他認為這是獲取好感的一種方式。但如果沒有伴隨著情感上的投入和承諾，那麼這些物質上的付出最終只會讓人感到空虛。

如果一個人真的在乎你，他會願意傾聽你的聲音，並在關係中與你攜手前行。他會考慮到你的感受，不僅僅是在物質上滿足你，更會在情感上給予你安全感和確定性。如果一個人總是試圖用物質的東西來「買」你的心，卻從不正面回應你對關係的疑問和需求，那麼你真的需要好好思考，這樣的關係值得你繼續投入嗎？

對於這樣的男生，你要保持清醒的頭腦。不要讓物質上的小恩小惠蒙蔽了你的雙眼，忽略了對情感承諾的渴望。真正的關係是建立在相互尊重、理解和支持上的，而不是單方面的物質給予。

Q3：有沒有辦法快速知道男生追她，究竟是只想跟她上床，還是真的想要跟她在一起呢？

看一個男人，
不是要看他 所擁有的有多少，
而是要看他 肯給妳的有多少。

看一個女人，
不是要看她 打扮起來有多美，
而是要看她 在你心中有多美。

看久一點、看深一點，
比較不會 看走眼。

如果這個男生是一個非常有耐心、心機很重、城府很深的人，那你是不可能知道的。你要等到跟他上床之後，才會知道他是抱著哪一種心態。如果他跟你上床之後，就開始對你冷淡，那就代表他之前其實就只是想跟你上床，沒有想跟你在一起。但如果他跟你上床之後，卻變得更愛護你、更珍惜你、對你更好，那就代表他是真正想要跟你在一起。

所以這個問題是真的很難在上床之前就知道的。其實我覺得，女生不要把性當做是一種籌碼比較好。不要一開始就計算著，我跟你上床，是因為你答應之後會跟我在一起，或者是跟你在一起之後，我才有義務跟你上床。

因為當你把性當做一種籌碼的時候，一旦得不到自己想要的，就會覺得自己是吃虧的，覺得自己失去了什麼，卻沒有得到你要的，於是心理就會不平衡，就會很難過很傷心。總之，只要不是勉強自己，是對得起自己的，自己也是想要的，這樣的心態才會是比較健康的。

也可以試著看作是一次自我成長的機會。每一次的感情經歷，不管結果如何，都是了解自己、提升自己的機會。通過這段關係，你可以學會更多關於如何溝通自己的需求，如何設定界限，以及如何判斷自己真正想要的是什麼。也許，當你學會更好地愛自己，不再將幸福建立在他人的行為上時，真正適合你、能夠給你帶來幸福的愛情就會出現。

一個談戀愛有品的人 會知道：
沒 那個資格 就 別提出 那個要求，
沒 那個能力 就 別許下 那個承諾；
沒 那份深情 就 別說出 那句誓言，
沒 那份誠意 就 別確認 那份關係。

所以，別只盯著他的行為和意圖，這個過程中最重要的是你自己。你是一個完整的個體，有能力創造自己的幸福，不需要依靠別人的認可來證明自己的價值。這種思維的轉變，可能會讓你看待關係和愛情有全新的認識。

Q4：朋友被一個男生追求，雖然她知道那個男生是個海王，很花心，但她朋友已經暈船了，該怎麼勸她呢？

首先我覺得感情是她跟那個男生的事情，旁人都不該想要去勸她，不管是她在這段感情中暈船的過程，她覺得很快樂，或是她之後的傷心，都是一種成長，我覺得旁人都不應該去剝奪她生命中的一些體驗。

因為她還沒有受傷，這時你勸她，她會有一種你就是不願意支持她的感覺，所以這是一件吃力又不討好的事情。但身為朋友，不提醒她又說不過去，所以你只要做到稍微去提醒她一下就可以了。

通常海王會有幾個狀況，如果他只有一個對象的話，他一定會花更多時間在這個女生身上，但如果同時有二到三個對象，在時間上是被切割的，你不妨要朋友觀察那個男生，如果真的很在乎你，就應該花更多時間陪你，他有沒有？如果沒有的話，就應該好好考慮一下別再暈船了。

再來就是可以試著對這個疑似海王的男生，一開頭很熱絡，後面突然冷卻下來看看，保持距離一陣子，如果這個男生他有非

選擇犯賤 就不要抱怨，
你越抱怨 別人看你越賤。

常多的對象，其中一個女生對他比較冷淡、比較冷漠，他可能就會直接放棄了。因為他還有好幾條魚，不差這一條。

如果這個男生很在乎這個女生，就有可能因為你的冷淡，反而會想要更了解你為什麼對他冷淡？是不是他做了什麼事情讓你不開心？那也有可能是海王終於要上岸了。

當然，也有可能這個男生渣到頂點的話，即使你這麼做也只是引起他的挑戰慾跟征服慾而已。如果他因此放棄的話，就代表他真的是個海王。

海王的本質就像是捕魚，撒下大網，看能捕到多少魚。他對每條魚的感情都是淺薄的。他的目的不是尋找深海裡的特別的魚，而是把網撒得越廣越好。這種人的愛是廉價的，因為他們把愛情當作遊戲，而不是兩個靈魂的深度交流。

你可以建議她做個小實驗。讓她試著對那個男生提出一些深層次的話題，比如對未來的規劃、對愛情的看法等等，看看他是不是真的願意深入地與她交流，還是只是敷衍了事，避重就輕。海王往往對這種深度的交流沒有耐心，因為他們追求的是量不是質。

告訴她別被禮物和表面的甜言蜜語蒙蔽了雙眼。禮物和甜言蜜語是最容易做到的，真正難的是時間和精力的投入。一個人如果真心愛你，他會願意投入時間和精力，跟你一起度過難關，而不是只在開心的時候陪伴你。

想 遇到一個
真心只想 和妳做朋友的男人，
跟 遇到一個
真心只會 愛妳一個人的男人；
兩者 差不多難。

而且
越漂亮、越單純的女生，越難。

即使最終這段感情不如預期，也沒有什麼大不了的。人生就是不斷學習和成長的過程，每一次的感情經歷都是一次寶貴的學習機會。告訴她，真正愛她的人會來的，那個人會用他的行動證明一切，而不只是空洞的承諾和甜言蜜語。

渣男的八大話術大破解

渣男的第一大話術：剛認識就對你甜言蜜語。

比如說：「你是我見過最美的女人，我覺得好幸運，竟然能夠遇見你。」

我覺得你可以先捫心自問一下，你真的是世界上最美的女人嗎？如果是我，就算覺得對方在我心目中真的是世界上最美的女人，也絕對不會在剛認識時就說出口。剛認識就說出這些話，實在太過花言巧語。我也會講甜言蜜語，因為我知道我講這些話女朋友會開心，或者我內心真的是這麼覺得，才會這麼說。

如果一個女生在我心目中是最美的女人，那我一定是很了解她，至少要到我覺得她的外表跟她的靈魂都很美的時候，我才會覺得她是世界上最美的女人。我不認為我才剛認識一個人，就有辦法了解她的靈魂，那個有點太像拍電影，過於夢幻不真實。

如果一個男生才剛認識你，就會講這麼不切實際、這麼誇張的話，通常女生應該自己內心也會覺得怪怪的吧？你可能會懷疑對方是不是保險業務員，或是想賣你東西才會這樣。比方說你去買衣服的時候，櫃姐跟你說：「哇，你這件穿起來超漂亮，超適合你！根本就是你的衣服。」很浮誇，但你覺得她是真心的嗎？不是。那她的目的是什麼？她要賺你的錢。

所以一個男生如果才剛認識你，就會講這種話的話，你要去想一下他背後的動機是什麼、他想得到什麼？而且你要想想看，他這種話真的只會對你講嗎？他可能會對很多人講，這種話術

我找不到你，是因為
你的心 跑了，你的人 消失了；
你找不到我，是因為
我的心 碎了，我的人 離開了。

看起來像是 錯過了，
實際上卻是 錯愛了。

直接不用相信了。

老實說，這種甜言蜜語，跟街邊賣的那種五顏六色的糖果一樣，看起來誘人，但其實廉價且沒有營養。你得問自己，這些華而不實的話，真的能填滿你心裡那個需要被愛、被珍惜的空洞嗎？如果一個人真心想要跟你建立深厚的關係，他不會只用這些表面的讚美。來打動你。他會用行動證明，會花時間去了解你，發現你的美，不僅僅是外表，更重要的是你的內心和靈魂。

當然，我們都喜歡聽好聽的話，被人讚美的感覺無疑是令人愉快的。但問題是，這些讚美背後的真實意圖是什麼？這些話如同市場上搶眼的廣告，目的只是為了讓你買單，那你準備好了嗎？準備好把自己的情感投資在一個可能只是為了獲得你的注意、時間、甚至是你的身體，而不是真心對你的人身上嗎？

真正的愛情，是建立在相互了解、尊重和信任的基礎上的。它不會是一夜之間就能建立起來的浪漫童話，而是兩個人在日復一日的相處中，慢慢累積的情感和默契。願意花時間去了解你、尊重你、並支持你的人，才是值得你深入交往的對象。

如果有人在你們剛認識的時候就給你塗上了一層閃亮的金粉，試圖讓一切看起來都很美好，那你就要小心了。這種閃閃發光的表面下，往往隱藏著他們不願意讓你看見的真實面目。

一件再怎麼漂亮的 衣服，
如果 破了個洞，
沒人會買回家的；

一個再怎麼漂亮的 女生，
只要 腦袋有洞，
沒人想娶回家的。

渣男的第二大話術：虛偽的承諾。

「我們將有美好的未來，我會好好照顧你一輩子。」

有很多渣男很過分，常用這種畫大餅的招數騙女生，因為一般人都會對畫大餅這樣的事情有所期待。假設男生只要跟女生說：「我一定會娶你，我會給你未來。」女生就產生了一種安全感，會感受到「你將來會得到很多我的愛，我會付出很多給你，我下半輩子都給你了」的感覺。渣男最擅長抓準女人的這種心態。

接著就是藉由畫這種大餅的話術說：「反正我們以後都會結婚嘛，你先幫我處理一下。」或是「將來我的錢就是你的錢，先借我一點不要那麼計較。」，他用口頭上的未來藍圖先讓你有歸屬感，然後再要求你付出。

女生可能覺得，反正他未來下半輩子都會照顧我，我就先付出一些東西。但實際上你要認真去思考，他這個承諾到底有沒有辦法兌現。因為每個人心中對於承諾的重量是不一樣的。有些人就是覺得隨便講講這種話，反正以後做不到就以後再說啊，先講一些你想聽的話又不需要成本。

所以這要怎麼破解？如果他跟你說：「我們之後會結婚。」用這種話給你承諾，你就可以問細一點，比如婚後你們會有怎麼樣的生活之類的。「我們什麼時候結婚？」「我們結婚以後要買房子嗎？」還是說，「那這個房貸要怎麼出？」「那以後我們會生小孩嗎？」可以試著問詳細一點。

如果一個平常 沒在關心妳的前男友，

傳訊息跟妳說：
「沒事，只是突然 想起妳了。」
真的別誤以為 他還愛妳或想挽回妳。

其實潛台詞是：
「沒事，只是突然 想騎妳了。」

真的有誠意想要跟你結婚的男生，雖然他也許還沒規劃的那麼詳細，像是想到自己要生幾個小孩？或是房子要買在哪？但是他至少會想像一下，有沒有要生小孩、打算多少預算買房子、未來的方向在哪裡、往後的路要怎麼走、有責任感的男生通常都會計畫好的。再説如果一個男人光有承諾，卻沒有能力的話，即便他是有心的，做不到都是沒有意義的。

你可以看他的承諾是不是有從小地方開始做起，承諾的信任感是一點一滴累積起來的。如果他跟你説，明年可以一起出去旅遊，然後你就看他有沒有真的規劃了出國玩的行程。結果隔年到了，他卻跟你説先延後，下次再説。如果他連這種承諾都做不到的話，你又怎麼相信他之後説的話？

該怎麼破解呢？有關承諾，你直接看他怎麼做，不要聽他怎麼說。看他有沒有把承諾的每件事情都做到，沒有的話，那以後他說的話你就不用當真了，自然也就直接破解了。說話不算話的人，就算不是故意說謊，也是一個沒有信用、沒有能力的人。

簡單來說，這種用虛偽承諾來獲得你付出的渣男，就是把你當作一張未兌現的空頭支票，他們以為隨便開出一些承諾，就能讓你心甘情願地付出。這種男人，其實就是在賭博，賭你不會真的追究那些花俏的話背後是否真有內容。他們用的是一種廉價的操控技巧，讓你感覺到虛假的安全感和期待，但實際上，他們連最基本的誠信都做不到。

對你 沒心 的人，
你付出再多 真心，
他也不會跟你 交心。
這是一件 投資報酬率等於零 的蠢事。

真正關鍵的是，當他的承諾一次又一次地落空，你還要繼續相信他嗎？如果一個人連最簡單的小事都不能做到，他的大話你又怎能盲目相信？這不是愛情，這是自欺欺人。愛情應該建立在真實和可靠的基礎上，而不是空中樓閣和無根的承諾上。

所以，當你聽到這些太過美好的承諾時，別忘了用你的理智來衡量。愛情不是一場拍賣會，不應該是誰出的價格更高就跟誰走。評估一個人，要看他的行動，而不僅僅是聽他的言語。如果他的行動和承諾之間存在差距，那就是紅旗警示了。別讓那些甜言蜜語蒙蔽了你的雙眼，一個真正愛你的人，會用行動來證明他的愛，而不是空洞無物的承諾。

渣男的第三大話術：忽視或淡化你的需求和問題。

「為什麼你一直問不重要的問題？」「這些都小事啊！我們應該活在當下，快樂在一起啊。」

你知道五月天有一首歌，叫做〈最重要的小事〉嗎？歌詞大概是在說，女朋友的事，雖然有些聽起來是小事，但因為你對我很重要，所以你的小事對我來講就是重要的大事。如果一個男生，他會敷衍你提出來的問題，跟你講這些都是小事的話，他根本就沒有多在乎你跟重視你。

這個時候，你就要提出來，這件事情對你來講有多重要。對，這些都是小事。可是你要跟他講，雖說是小事，可是對我來講很

好色 和 專情，並不衝突；
淫蕩 和 隨便，並不一樣。

膚淺的人，才會搞混。

重要，我希望你能夠重視這件事。如果你都已經提出你的想法，也跟他講你的感受了，他還是不當一回事的話，那就不要太相信他有多在乎你了。

如果他不直接給你承諾，一直說：「我們現在很開心不就好了，幹嘛想那麼未來的事情？現在不是比較重要嗎？」這時你就要很明確的跟他講：「我知道當下的我們是很開心，但是如果我們沒有未來的話，我是開心不起來的。」

你一定要記得這件事情，如果你要未來，而對方卻沒有辦法給你未來，只能給你現在，那就代表是不開心的。他講的沒有錯，在一起最重要的是開心，可是你現在已經不開心了，你就要讓他知道你的感受。因為你看不到未來，你會不安。真正愛你的人是捨不得你不安的。

如果一個男人在你提出關於感情、未來或任何對你重要的話題時，他的回應總是在淡化、迴避，或者是用一些輕浮的言語來帶過，這個男人根本就不配你的時間和精力。當你對他表達你的需求和擔憂時，如果他的反應是讓你覺得自己在無理取鬧，那他就是在無視你的感受。你需要的是伴侶，一個能夠與你同行、共同面對未來的人，而不是把你的感受當作無足輕重小事的人。

當他說：「為什麼你總是問些不重要的問題？」的時候，他實際上是在說你的感受和想法不重要。試問，這樣的關係還有什麼意義呢？一段健康的關係應該是建立在相互尊重和理解的基礎上，如果連最基本的尊重都做不到，這段關係的價值又在哪裡？

好男人不是 沒有，
只是通常 沒錢；

好男人不是 不多，
只是大多 不帥。

「我們應該活在當下，快樂在一起啊。」聽起來是不是很美？但實際上這句話背後隱藏的是他不願意承諾未來，或者根本就沒有考慮過未來。這種男人，只想要享受眼前的快樂，不願為了共同的未來付出努力。真正愛你的人，會與你一起規劃未來，一起面對挑戰，而不是逃避或淡化你的需求和問題。

如果他無法給你未來，那他就無法給你安全感。沒有安全感的愛情，就像沒有水的魚，最終只會窒息。你需要的不是一個只會讓你不安的人，而是一個能夠給你力量，與你一起成長的伴侶。如果他無法理解這一點，那麼很遺憾，他不是那個能與你攜手走過一生的人。

永遠都要告訴自己，你值得被重視，你的感受、你的需求、你的未來都極其重要。不要因為他給你的零星快樂就忽略了自己真正的需要。愛情不應該只是關於現在的快樂，它還是關於未來的承諾、共同成長和相互支持。如果他做不到這些，那麼你有權利去尋找一個能給你這些的人。不要害怕放手，因為放手有時候是為了更好地抓住未來的可能。

渣男的第四大話術：遊走於多個關係之間。

他可能會講說：「其他人都不重要，我跟他們都只是朋友，我只愛你一個人。」

我絕對認同每個人都有一些異性朋友必須相處或是聯絡，這

如果他真的愛你，
就一定 捨不得傷害你。

只要傷害過一次，
就一定 不會只有一次。

很正常，所以當然不太可能要求對方不准跟任何異性聯絡，太過分就不合理了。但當他說了，他們只是朋友，他愛的是你，那你就要讓他知道，需要明確釐清朋友的底線在哪。你要跟他確認清楚，你認為朋友的底線是什麼，跟他所認為朋友的底線有沒有差異，這樣才會有共識。

朋友之間沒特別事情，通常都只會正常頻率地連絡。沒必要天天傳訊息關心對方，朋友之間也不會每天都傳早安、晚安、在幹嘛……等訊息。朋友通常是你遇到困難了，需要幫助，我才會去幫助你。而且我覺得思想成熟的異性朋友也會尊重你，知道你現在有對象，就要懂得避嫌，不要讓你的對象感到不舒服，這才是一個值得交往一輩子的朋友。

你可以跟他說：「我是你的女朋友，你不是應該要更在乎我的感受嗎？如果我感覺不出來朋友跟女朋友的差別，那為什麼我要當你女朋友？你說你愛我，如果我不是特別的，我要怎麼相信？」

關鍵是，你得弄清楚，他與這些所謂的「朋友」之間的互動是否超過了普通朋友的界線。如果他真的把你放在心上，他會自然而然地為你們的關係設立界限，不會讓你感到不安或是擔憂。

假如他總是用「你太敏感了」或是「你不信任我」來回應你的疑慮，那就是警示了。這不是關於敏感或不信任，是基本的尊重和安全感。一個真正愛你的人，會盡他所能去消除你的擔憂，而不是讓你的不安感升級。

沒用的男人 不一定會哭，
讓妳哭的男人 才叫沒用；

會哭的男人 並不是沒用，
為妳哭的男人 那叫真心。

當你表達了自己的不安和需要時，一個負責任的伴侶會與你共同討論，尋找解決方案，不是將問題歸咎於你。如果他只是一味地堅持自己的做法，完全不顧你的感受，那麼你真的需要重新評估這段關係的價值。

不要讓自己陷入那種「我愛他，所以我得忍受」的思維陷阱。愛情應該是互相的，是兩個人共同努力讓彼此感到幸福和安全的過程。如果這個過程中，只有一方在付出，在忍受，這樣的關係只會讓你逐漸失去自我。

渣男的第五大話術：自我中心，只在乎自己。

例如他會常說：「我最近很忙，你先不要來煩我，我再跟你聯絡。」

一段感情關係是兩個人之間的事情，絕對不是以其中一個人為主，不是上下關係，而是對等的。會講出這樣的話是，他是你主管還是老闆嗎？那樣的人完全不在乎你的感受，只在乎他現在的狀況。

遇到這樣的人，我會覺得：「你有你的理由，但我有我的感受啊。你覺得你很忙，就可以完全不用理會我嗎？那我到底是什麼？只是一個附屬品嗎？你需要我的時候才出現嗎？當你在

男人都很在意
自己的老二 是否夠持久，

女人在乎的是
你對她的好 能否更持久。

忙的時候，我需要你的時候呢？我的情緒、我的感受就不重要嗎？」

如果對方完全忽略你的感受，兩人之間沒有任何對話，只是在告知而已，並沒有在溝通，那他本身這個心態就是非常渣的。渣男不一定就是騙財、騙色什麼的，這類的行為也非常要不得。

所以你一定要跟他溝通，可以問他說：「什麼時候？你要忙多久？」也許他跟你說的是：「最近事情很多，不要來煩我。」但其實是藉口，他最近可能有個新對象，想要跟人家曖昧一下，或是跟別人約會，所以才要你先別聯絡他，這些都是可能的。

一個真心愛你的男生，只要他不是渣男的話，應該會提出一些補償方案，或是提出一些能力範圍內可以做到的事情，而不是直接跟你說：「你最近不要來煩我。」「煩」這個字很不好，好像完全把這件事情怪罪到女生有情緒問題，把責任歸咎到對方身上。

要知道他忙是他的問題，不是你的問題。真的有心的話，無論如何應該都排得出一點時間聯絡吧？即使無法陪伴在身旁，通個電話報備現況，關心一下彼此不難吧？至少要告訴你，他要忙多久，三天、一個禮拜也好。而不是只跟你說：「我忙完再跟你聯絡。」那到底要等多久？你的時間就不是時間嗎？

難道是要忙到他跟別人的曖昧告一個段落？

女人為了美，什麼錢 都肯花；
男人為了性，什麼話 都敢講。

請好好珍惜
女人用心經營的那張臉，
別輕易相信
男人在床上時的那張嘴。

會不會是他沒有追到新的對象，失敗了才再回來找你，所以最近不忙了？

當他告訴你「我很忙，你先不要來煩我」的時候，你真的就乖乖等待，像擺設一樣嗎？明明是他的問題，卻要你來承受這種被忽略的感覺，這合理嗎？當然不合理。你不是他生活中的選項，也不是隨時可以被擱置的備胎。如果他真的在乎你，就不會用這種自我為中心的態度來對待你。

一個男人如果真心愛你，他會把你的感受放在心上，哪怕他再忙，也會找時間告訴你他在做什麼，讓你知道你在他心中的位置，不會成為他不聯絡你的藉口。如果他總是以忙碌為由，這是他在避免跟你深入交流，不願意投入時間和精力在這段關係上的表現。

再說了，如果他真的值得你等待，他會知道怎麼平衡自己的生活和工作，而不是把所有的責任都推到你身上，讓你感覺像是在打擾他。記得，你值得被愛，值得被尊重，不應該接受這種對待。一個總是讓你覺得自己是麻煩的人，怎麼可能是對的人呢？

這種「我忙，你不要來煩我」的說法，很可能只是逃避問題，或保持距離的藉口。如果每次有問題的時候，他都用忙碌來逃避，那麼這段關係根本就沒有進展的可能。溝通是關係中不可或缺的一部分，如果連最基本的溝通都做不到，那這段關係還有什麼意義呢？

女人會懷念的：
不是那個 自身條件最好的男人，
而是那個 曾經愛她最深的男人。

男人最難忘的：
不是那個 對他付出最多的女人，
而是那個 做愛技巧最好的女人。

真正關心你的人會想要跟你分享他的日常，無論忙碌與否。他會找到時間，哪怕只是發個短訊，讓你知道他在想你。如果連這都做不到，那麼你真的需要好好思考一下，這樣的人值不值得你繼續等待。

別讓這種渣男把你當成隨時可以擺佈的人。你的時間和情感都是寶貴的，不應該浪費在不懂得珍惜的人身上。如果他真的因為忙碌而無法給予你應有的關注和愛護，那麼或許是時候重新評估這段關係的價值了。記住，一個真正愛你的人，會讓你感到被重視，被需要，而不是讓你一直處於等待和不確定中。

渣男的第六大話術：情緒勒索，操控心理。

他可能會這樣講：「如果你這樣做，我會很難過，你是不是不愛我啦？」

當對方試圖想要用情緒勒索的方式去操控你的情感，他的目的是想要掌控住局勢，想要讓局勢對自己有利，所以他才把這個錯歸咎在你身上。他可能會說：「你這樣做我會很難過，你是不是不愛我了？」此時不要被牽著鼻子走，你要跟他說：「我這樣做不是為了想讓你難過，是想要解決我們之間的問題。」

不要被他混淆了，你做這件事情本來就不是為了讓他難過，他會難過是可預期的，但是你的目的從來就不是為了讓他難過。他可能會轉移焦點，用情緒勒索，說：「你就是要為了讓我難過，才講這種話。」

一個真心愛妳的男人，
睡覺的時候，
會 心甘情願 且 理所當然地
讓妳把妳那冰冷的腳，
放在他大腿中間取暖。

所以你要講的非常清楚，很理性的告訴他：「我只想解決我們的問題，我想要解決問題的原因是因為我愛你，不是想要讓你難過、也不是因為不愛你。」

一定要守住自己的底線，你有權利保護自己的需求跟感受，不要被對方的情緒勒索所影響，你要知道，情緒勒索是勒索的那一方不對，你沒有任何不對。

有一件事情要記得，對方不應該把你的價值定義在是否同意他的觀點，自己想做什麼或者覺得應該做什麼，都不應該被別人的情緒所勒索。我甚至會直接跟對方說：「你不要情緒勒索我，情緒勒索對我沒用。」

面對情緒勒索，你得比他還硬。他如果繼續用「你這樣做，我會很難過」來操控你，你就得直接回擊：「我們解決問題不是比賽誰更難過，而是找出最好的解決方案。」別忘了，情緒勒索就是一種操控行為，他們用自己的情緒來綁架你，讓你覺得只有按照他們的方式行事，才是對的。但實際上，這完全就是操控。

再者，這種話一出口，就是在試圖剝奪你的選擇權，讓你覺得除了順從他，別無選擇。這完全是個陷阱。記得，愛是互相尊重，互相理解，而不是透過操控和勒索來維持的。如果對方真的愛你，他會試圖理解你的立場，而不是只考慮自己的感受。

對待這種情況，你的態度應該是堅定而理性的。你可以這麼

女人只要 笑起來夠好看，
然後 有智慧，
就夠美了；

男人只要 看起來夠乾淨，
然後 有肩膀，
就夠帥了。

說：「我們每個人都有自己的感受，我尊重你的感受，但我也希望你能夠尊重我的選擇和決定。如果我們無法在這個基礎上溝通，那麼真的需要認真考慮一下，我們的關係是不是真的健康。」

記住，你有權利表達你的意見，有權利做出對自己最好的選擇。不要讓任何人用情緒勒索來剝奪你的權利。情緒勒索不僅是一種操控行為，更是一種情感虐待。面對這樣的行為，你需要堅定地站出來，讓對方知道，這種行為是不可接受的，你不會被操控。

渣男的第七大話術：一直曖昧，拒絕負責。

「我希望我們再多花一點時間培養感情。」「如果你真的愛我，你應該會等我吧？」

渣男的話術常常都在影響你的內心，讓你質疑自己的感受，所以你要在邏輯很清晰的狀況下跟他說清楚自己的想法，不要被感性的話語影響，這非常重要。

當他拿「多花時間培養感情」作為藉口，其實就是拖延戰術的一種。他想要的不是更深入的了解你，而是更多的時間去看看外面是否還有更好的選擇。這種人的自私和不負責任已經寫在臉上了，只是你願不願意去看而已。

真心想要和你建立關係的人，會積極地和你推進關係，而不是用各種藉口來拖延。他們會因為害怕失去你，不讓你在不確定

處理一件事情，
可能會需要
判斷、手腕、經驗、
邏輯、智慧、魅力，
唯一不需要的就是 情緒。

中等待。如果他對你真的有心，會讓你感覺到他的努力和誠意，不讓你滿腹疑問和不安。

「你愛我，你就會等我。」這句話真的非常沒有道理。沒有人會永遠等一個人，因為沒有一個人是值得被永遠去等的，一直要你等的人，也不值得你去愛。

「如果你真的愛我，你就會等我。」如果他真的愛你，他怎麼捨得讓你一直等呢？你知道為什麼他會讓你等嗎？就是因為他想看看還有沒有更好的東西出現啊。

打個比方，就像你去看一間房子好了，你看到這房子就是你要的，你一定馬上下單，為什麼？因為你怕被人家搶走啊。如果這個人就是你要的，要對方一直等是什麼意思？這代表，他根本就不擔心你會被人家搶走，也代表他並不認同你那麼有價值。

會有這樣想法的男生，已經沒有多愛你，是渣男的可能性很高。他覺得你願意等他，就代表你對他沒那麼有價值，所以不用這麼急著要你。真正好的東西，大家真的想要的東西，我們都只會怕被人家搶走，怎麼可能在那邊浪費時間？

這句話，其實是在利用你對他的感情，達到自己的目的。這完全就是自私自利的體現，他在乎的只是自己的感受和需要，不是你的感受、更不是你們的關係。

你需要的不是讓你不斷等待的人，而是願意和你一起走向未

其實，當你的 底限
一直在退的時候，
跟他的 距離
也就越來越遠了。

最終 也就被你自己 犧牲了。

來的人。每個人值得擁有一段穩定、互相支持的關係，而不是被拖延、充滿不確定性的曖昧關係。

當你遇到這樣的人，你要強硬地站出來，讓他知道，你不是隨便可以操控和等待的。如果他看重這段關係，就應該拿出實際的行動，而不是用空洞的承諾來安撫。

渣男的第八大話術：說話不認帳。

「我不記得我有答應過你啊，什麼時候？有嗎？」

如果你的另一半會說這種話，他可能是個說話不認帳的人。

那麼你就把他說的話記下來，他以後答應什麼事情，你就盡量用文字訊息再傳一次。「欸，你今天答應我的（敘述那件事情）要記得喔。」之類的，留下一個證據。他下次再不認帳，你就直接截圖給他看，這就是最簡單的破解法。

要是他就是不認帳，你一直用這種方式，其實也沒什麼意義。除非真的有腦部疾病，否則不太可能什麼都不記得，有可能只是在裝傻而已。因為他如果承認自己記得這件事情，就表示他沒做到，應該要為自己言而無信，向你道歉。

但如果他說：「我不記得有這件事情啊。」一副就是「我沒有錯啊，我又不是故意不做的。」這樣的行為真的很要不得，這是在逃避責任。所以最好破解的方式，就是用文字記錄下來。

他可以沒時間 陪妳，
但不可以沒時間 在乎妳。

在乎一個人不需要 有時間，
需要的是 有那顆心。

別忘了，就算你用文字記錄下來，他如果真的很渣，那麼找藉口的本領就像是變魔術一樣，永遠有無數種方式來逃避。他可能會說：「哦，那個啊，我是說過，但我那時候只是隨便說說。」或者是「我當時只是開玩笑的，你怎麼那麼認真？」這種人，就是把責任推得一乾二淨。

所以，面對這種說話不認帳的人，最好的辦法不僅僅是記錄下來。你要讓他知道，這種行為在你這裡是行不通的。你得更堅決地告訴他：「不管你是不是真的忘了，你都應該對你說的話負責。」要讓他清楚，信任是建立在言行一致上的，一旦信任崩潰，再想修復是很難的。

同時，你也要學會保護自己。面對這種人，你不能把所有的希望都寄託在他們身上，要有自己的判斷，不要完全依賴對方的承諾。當你發現對方再三說話不算數時，你要問自己，這樣的人值得你繼續投入你的時間和情感嗎？

不要總是等到對方的逃避和推脫，消磨了你的耐心和信任才覺醒。渣男的話術有千百種，只看女生要不要相信而已。畢竟拆穿謊言最好的方式，就是永遠都不要只聽他怎麼講，而是要看他怎麼做。

有沒有做到某件事或某個承諾，你只要觀察就夠了，觀察實際的行動就是最好的破解。你一旦覺得不對勁，只要放下感性的腦袋，用理性的思維思考一下，馬上就會有答案了。不要被渣男操控情緒跟心思，你有保護自己感受的責任跟義務。

真心愛你的男人，
不會想 在妳之上，支配妳控制妳。
而是會 在妳前面為妳開路，
在妳後面為妳守護；
甚至，在妳底下成為妳的基石，
讓妳穩固，讓妳達到更高處。

男人出軌有什麼徵兆？

只要他變得跟以前不一樣，所有的事情、所有的生活習慣都可能是一種徵兆。

譬如說，如果他開始變得特別注重打扮自己，這在過去可能是他不屑一顧的事。突然之間，他開始每天都仔細搭配衣服，這可能就是一個徵兆。又或者他從來不用香水，但最近每次出門前都要噴上一點，這種突然的改變也很值得關注。因此，所有與過去不一致的行為改變，都有可能是出軌的跡象。

那我們就來討論一下，還有沒有什麼徵兆、小的細節可以觀察。

之前有一個女同事，平時她都有在偷偷的計算她男朋友車子的里程數，有次她看到男朋友車子的里程數不正常的飆高，而且那陣子她男朋友都比較晚回家，她問了男朋友，男朋友只是說最近在加班，然後她就直接跟男朋友說：「可是你的里程數不對，從你家到公司的距離，再怎麼樣也不可能會衝那麼高。」

「加班，去哪裡加？」這時候他男朋友才承認，最近會順路載一個女同事回家，因為她一個人住，住的比較遠。這樣算順路嗎？其實不算，順路怎麼可能里程數變高？所以里程數的數字不正常的也可以是一個徵兆。

提及加班，如果你發現男朋友最近變得異常忙碌，經常說需要加班，或是突然間飯局增多，可能是工作相關，也可能是朋友

如果你 講話沒有內容，
那麼你 不講話，
會讓人感覺 比較有內容。

聚會突然變多，又或是說要常去陪家人，這些都很不尋常。他陪你的時間變少了，這絕對是一個明顯的警告信號。

再來還有一個很具體的徵兆。你去男朋友家的時候，查看他放保險套的地方，有時候可以去算一下保險套的數量。如果你發現保險套數量異常變多或是變少，這也是非常不合理的徵兆。要是男朋友狡辯說，保險套過期受潮就丟掉了，那你就連生產日期都記錄下來，這種細心的觀察或許會揭露一些事實。

另外一點就是控制慾的變化，如果男朋友本來是一個不喜歡管你的人，最近他變得非常愛管你、控制慾很強。通常女生會有一種錯覺，就是他這樣管我，可能是很愛我、很在乎我，反而會放下一些戒心，但實際上他突然變得這麼愛管你，有可能不是這麼美好的原因。是他想要掌控你的行蹤，這樣他才可以去做自己想做的事情。

先確定你在幹嘛，他才可以去幹嘛。這其實是一種戰術，先確定你的位置，他才能安排自己的計劃。這與小偷會先確定目標家中無人一樣，是一種先知先行的策略。

另一方面，如果他本來就是個很愛管你的人，是屬於那種很在乎你的、很容易吃醋的。但最近變得不太管你了，不在乎你有沒有跟他報備，這可能也是一種徵兆。

親密行為變少，也是一個徵兆，但親密行為不是說一定就是性行為，在一起久了以後，性行為的頻率可能會變得比較少，這

男人的嘴，人前，很多謊話；
女人的嘴，人後，不缺壞話。

很正常。

一開始是很多的激情，久了以後就會變得比較像親情那種很穩定的感情，性需求變少是正常的。但日常的親密互動，比如擁抱、親吻等，通常不會因為關係的發展而減少，反而有時候還應該變更多。像這樣子的親密行為，覺得突然變得比較少，冷漠感比較強的話，可能也是一個徵兆。

有可能他在外面已經有這種溫暖了，他已經得到想要得到的了，就變得比較冷淡。

還有一個細節大家可以注意一下，正在出軌的人，手機的訊息一定很可疑。但有時候我們不見得都有機會看到對方的手機，或者是平常就沒有這個習慣，你突然要看他手機，他可能還不高興，覺得你是不是在懷疑我。你可以試著觀察一件事，就是他平常手機放在桌子上的時候是不是都正面朝下，把螢幕蓋起來。

手機正面朝上，有時候訊息可能會跳出來被看到。我們平時手機放在桌上的時候，通常習慣是正面朝上的，這樣才能知道有沒有人傳訊息給我。如果說你發覺男朋友最近變得刻意把手機的正面朝下放，那就有可能是他不想要讓你看到他有什麼訊息或通知跳出來。

還有就是，男朋友跟你一定常常分享一些生活上的事物，如果他最近講話前後不一，前幾天跟你講的事情，跟後面再跟你講的事情有點矛盾，對不太起來，這也是一個很大的徵兆。

愛一個人
可以 放下你的驕傲，
但不可以 放棄你的尊嚴。

需要 放棄尊嚴
才能去愛的人，

結局一定都是 不值得的。

如果發現這狀況要怎麼辦？你就打破砂鍋問到底，問得很細。通常人在說謊的時候，一定會先設想好一些謊言的情境，然後跟對方講，越厲害的人越沒有破綻，就是因為他想的很細。這個時候，你就問一些他可能沒有設想過的問題，譬如說：「你去哪？哪一條街？什麼時候？幾點幾分？那你那天晚上吃了什麼？」越細節越好。

若是昨天才發生的事情，他應該不會需要花太多時間去思考，假如你在打破砂鍋問到底的情況下，他突然惱羞，那也是很大的徵兆。也許他會說：「問那多幹嘛？你是不是不相信我？」

你不要被這句話情緒勒索，因為信不信任這件事情很簡單，就是值不值得相信而已。信任一件事情，需要靠判斷事情合不合理，即使一個再怎麼信任的人跟你講一個不合理的事情，你也一定會懷疑。

假設你很相信我好了，如果我跟你說我剛上班的時候，在忠孝東路上看到一匹綠色的馬，長了翅膀而且還有六隻腳，你會相信嗎？

你會相信我有病，對不對？所以合不合理這件事情很重要。如果對方就是指責你說：「你怎麼不相信我？」你就要跟他說你不相信的不是他這個人，是這個事情並不合理，要怎麼相信他？問得那麼細，就是因為你想要他把這件事情講得合理一點，你再來評斷、評估你到底要不要相信他。

女朋友的事情，要放在 你的前面；
女朋友出事情，要站在 她的前面。
女朋友的心情，要懂得 隨時顧好；
女朋友沒心情，要學會 儘快哄好。

男朋友，從來就不會是 一個爽缺。
做不到，單身也可以是 一種選擇。

要記得 你是在 追求女人，
而不是在 追求公平。

以上講的都是針對男生，可能有人覺得針對性太強，女生難道都不會偷吃嗎？那有沒有什麼女生出軌的徵兆？

女生跟男生的徵兆不太一樣。當女生突然間有了新的「閨蜜」，而且這位閨蜜始終像個謎一樣，從未與你見面，那就該提高警覺了。可能這位所謂的閨蜜，其實是她的新歡，只是被她巧妙地包裝成了一個無害的存在。如果你對這種情況感到疑惑，就大大方方地提出想見見這位閨蜜。畢竟，如果一切都是清白的，她介紹這位閨蜜給你認識，應該不會有任何問題。

女生經常會用「這是我閨蜜」來解釋她們密切的關係。但如果你發現她們之間的互動變得頻繁異常，每當提起這位閨蜜，她都顯得異常興奮或者保密到家，那就有問題了。一個好的男朋友會對女友的朋友抱有適當的關心和包容心，畢竟在他看來，那些對你重要的人，對他來說也應該是重要的。所以，如果她總是避免讓你們見面，那背後一定有她不想讓你知道的事。

男生就比較沒有辦法用「閨蜜」這一招，因為女生如果把她這個出軌對象包裝成是閨蜜，常常傳訊息是很合理的，因為女生之間本來就會這樣。看到漂亮的手提包，她們會傳訊息跟照片跟閨蜜說：「寶貝，這個好漂亮喔。」可是男生就比較不會這樣，如果我把我出軌對象偽裝成是我好兄弟，我也不太可能在那邊每天都在跟我好兄弟傳訊息說：「寶貝，這個好正點。」這樣就太奇怪了，所以這招是女生比較常用，男生比較沒辦法。

不要寵壞任何一個人。
因為 當你為他 做得太多，
他就會為自己 做得太少。
當你為他 想得太多，
他就會為你 想得太少。

被寵壞的關係，
幾乎不可能 修得好；
被寵壞的人，
早已忘了 該怎麼對你好。

女生和男生在出軌時的行為差異也體現在手機使用上。男生如果有外遇，通常會因為擔心另一個女生生氣而感到迫切需要立即回覆信息，而手機不離身。但女生卻沒這麼大的壓力，因為她們通常都掌握著回不回訊息的主動權。

但是如果你發現你女朋友開始把手機設定成勿擾模式，那絕對是個警訊。這可能意味著她在你們相處的時候不希望手機有任何聲音出現，以免引起你的懷疑。一旦她感到安全，比如你不在她身邊時，她又會把通知開啟，慢慢回覆那些她暫時忽略的訊息。這種差異，其實蠻明顯的。女生這方面確實有其獨到之處，她們可以按自己的節奏來回應，男生若是外遇，往往會因為怕對方不高興而趕緊回覆個「寶貝我在忙」之類的訊息。

總之，雖然女生在出軌方面的策略和男生有所不同，從她們對手機的處理方式就能略窺一二。如果你女朋友突然改變了她對手機通知的處理方式，那麼這很可能是她有事瞞著你的徵兆。這種細微的行為變化，值得每個男生留心

如果男朋友願意給我檢查手機，除了常用的通訊或社群軟體要檢查，我有什麼要注意的嗎？

我之前聽到幾個玩咖高手的招數，覺得還厲害的，可以跟大家分享一下。朋友曾經跟我分享過，他有一個出軌的對象，雙方都是玩玩而已，但他們不是用Line在傳訊息，也不是用ＩＧ或ＦＢ在傳訊息，因為這些都會被查，於是他用一招，就是用蝦皮拍賣，用買家賣家的留言訊息去聊天，讓女朋友防不勝防。

一個女人，
有外表，會吸引到眾多男人目光；
有氣質，會讓男人眼睛為之一亮；
有智慧，才能令男人只看妳一人。

還有一個更狡猾的，怕約會時拍的照片放相簿太危險，就用一個偽裝成計算機的ＡＰＰ，這個ＡＰＰ外表看起來就是個無害的計算機，但輸入特定密碼就能看到隱藏的照片，這招也真的很絕。

我之前在中國生活的時候還聽說過，他們有一種ＡＰＰ，會把個人訊息偷偷上傳。假設我是你的女朋友，拿著你的手機，下載這個ＡＰＰ安裝後再把它刪掉。即使我刪掉了ＡＰＰ，你手機裡的所有訊息跟記錄，還是會全部上傳到另外一個地方一覽無遺。

有些超渣的、很厲害的，訊息一聊就刪掉了，也不拍照片留下證據的，這種怎麼辦？

還是有兩個小撇步可以跟大家分享，你查他手機時，即使簡訊都刪光了也沒關係，如果是iPhone，你可以在手機首頁APP畫面從中間往下拉，它就會跑出他最近使用過的程式。如果上面有Tinder或是一些交友軟體的話，就是有問題。

再來，Line不是會有貼圖嗎？你可以看他最近在跟別人聊天的時候使用了哪些貼圖，如果他最近的貼圖有用一些，什麼「愛心」、「愛你」或者是一些情話，但這些貼圖又不是傳給你的，那也很奇怪。女生的話，還有可能會傳給閨蜜一些很像男女朋友之間在傳的貼圖，可是男生一定不會。

很餓的時候，
以為 自己可以吃很多，
吃到一半 才發現 錯了，
高估自己了；

很愛的時候，
覺得 自己可以愛很久，
愛了一陣 才知道 沒了，
又 高估自己了。

這兩個歷史紀錄通常都是會忘記毀屍滅跡的。

♂ 醫美大叔與網友的Q&A ♀

Q1：請問出過軌的人還會再犯嗎？還值得相信嗎？

偷過你東西的朋友，你還會再相信他嗎？你覺得會不會再犯？我個人覺得，如果是偷過你東西的朋友，直接報警，他可能就不敢再犯。但如果他偷過你東西，你發現了，很大方的原諒他，那他再犯的可能性就會比較高。差別就在於他付出的代價有多大。

出軌的人也一樣，如果說他出軌了，結果你很快就原諒他，他哭一下，就說：「我再也不敢了。」講幾句話，你就原諒他的話，我覺得再犯的機會就比較大，因為他沒有痛到。

能不能再次相信他呢？我覺得一樣，偷過你東西的朋友，你還敢放他一個人在你家嗎？如果是我的話，他待在我家，我可能要在家裡裝很多監視器。我要監控他的一舉一動，才敢放心的讓他待在我家。

可是這樣就很辛苦，因為重新信任一個人的代價很大。出軌也一樣，我能不能重新信任一個出軌的人，我可能以後都要一直去看他的手機，一直擔心受怕。所以這種東西值不值得，只有你自己能判斷。

友情 那麼難得 的東西，
不會經營是會 弄丟 的。

親情 這麼珍貴 的東西，
不懂珍惜是會 後悔 的。

愛情 如此複雜 的東西，
不說出來是會 生病 的。

感情 這樣潔癖 的東西，
不夠誠實是會 失去 的。

你一定要提醒自己，人的本性難以改變。如果一個人能夠輕易地背叛你的信任和感情，誰能保證他不會有第二次？當然，我們都希望人們能改過自新，但這需要非常強大的意志力和真正的自我反省。問題是，他有這樣做的意願和能力嗎？

接著，你要問自己，能不能忍受那種不斷的懷疑感？每次他晚回家，每次他手機放在你看不見的地方，你的心裡是不是又會七上八下？這種關係裡的不安全感，恐怕會比你想像的要來得痛苦和辛苦許多。

更重要的是，你值得更好。你值得一個會珍惜、尊重你和你們關係的人。你不應該讓自己陷在一個需要不斷懷疑和驗證的循環裡。當愛情變成了一場不斷的偵探遊戲，這段關係還有什麼意義呢？

最後，不管你決定是否給予第二次機會，都需要確定一件事：他願意為了修復這段關係付出多少努力？如果他只是口頭上說說而已，沒有實際行動，那麼你的答案就應該很清楚了。改變需要行動，而不僅僅是空話。

所以，再次信任一個出軌的人？那全看你自己。但記住，選擇原諒並不意味著你必須忘記，也不意味著你要放棄自己的幸福和自尊。你的感受、你的安全感、你的幸福才是最重要的。不要因為害怕孤單而選擇錯誤地和一個不值得你信任的人在一起。

沒有人能接受
自己的 付出與包容
被視為 理所當然。

沒有人能承受
自己的 犧牲 跟 退讓
被當作 天經地義。

不懂得 感激 的人，
就 不值得 被你珍惜。

Q2：請問精神出軌能被原諒嗎？

精神出軌要看是到什麼樣的程度。如果只是對於偶像那種崇拜，有一些性幻想，那算是精神出軌嗎？所以差別在於，有沒有行動跟行為這件事情。精神出軌，對方有沒有跟你接軌？如果只是單方面的，我覺得那就只是一種崇拜或是欣賞，那個真的還好。

假設說你有女朋友，結果你喜歡上別的女生，然後你還約她出去，即使你們沒有上床，還沒有肉體出軌，這種精神出軌，我覺得比較不能被原諒，因為你已經有目的性了。

還有個很重要的點，通常一對情侶在一起的話，彼此之間還是有一個最基本的承諾，就是精神上的忠誠，你說愛我，那你只能愛我一個人，你不可以愛很多人。你在行為上去愛了另外一個人，愛是一種行為，只要你付出，對另外一個人好，那就比較不能原諒了。

愛的行為並不只局限於做愛，犧牲與奉獻都算是愛一個人的行為。假設你有女朋友，然後你喜歡上另一個女生，並買了一個很貴重的禮物送她，其價值超過給你女朋友的，這就不行了。他對另一個人的好，超越對你的好就是對不起你了。

說到精神出軌，有些人可能覺得這不算什麼大事，畢竟沒有實際行動，對吧？但事實上，這就像是心裡偷偷藏著一把火，外表看不出來，但裡面早就燒得一塌糊塗。精神出軌，就是你的

不理你的人，
不是 沒空 就是 沒心，
其實也就是
因為 沒心 所以 沒空。

看懂了，就別再 等了。

心已經不在這段關係裡了，你已經開始幻想跟別人的生活，這種感覺對另一半來說，絕對是一種背叛。

人對美好事物都有一種天生的欣賞之情，這沒什麼不對。你可能會對某個明星、某個公眾人物心生崇拜，甚至有點小小的迷戀，這都是人之常情。但關鍵在於，你得知道在哪裡劃線，知道什麼是尊重這段關係的底線。如果你開始花大量時間去想像與這些人的互動，或者在心裡對他們有了超過欣賞的情感，那你就已經在精神上背叛了你的另一半。

再說，如果你的心已經開始偏離，開始對另一個人產生了情感，這就更危險了。你可能會認為，既然沒有實際行動，就沒有所謂的出軌，這完全是自欺欺人。因為當你心裡有了這個人，你對當前關係的投入和熱情就會開始減少，這對你的伴侶來說是極其不公平的。

Q3：既然都出軌了，為什麼還要說愛我？到底是什麼意思？

既然他都出軌了，你為什麼還要管他說什麼，為什麼他說什麼你就相信他呢？他已經做出一些不值得被信任的事情了，說再多其實都沒有意義。他說愛你，但他做的事情並不愛你。所以不要聽他怎麼說，而是要看他怎麼做。

很多人會私訊問我：「他說這樣、卻做那樣，到底是什麼心態？」其實他只是想要得到他想要的，他現在說愛你，只是想把

不要去救一個
不想 救自己的人，
不要去愛一個
只想 愛自己的人。

因為 一點都不值得。

你挽回而已。所以重點不是他說了什麼，而是他做了什麼。他說愛你，但他的行為卻是不愛你，那就是不愛你。

當一個人背叛了你，然後轉頭又對你說「我愛你」，這不過是場荒謬的戲碼。你想想看，愛是什麼？愛是尊重，是忠誠，是當你不在身邊時，我依然守候著這份感情。他的行為已經背叛了這一切，那他口中的愛又算什麼？

這種情況下，他說愛你，可能只是因為他害怕失去你帶來的便利和舒適，或者是害怕面對孤獨。這種「愛」，根本就是自私的，是想要把你留在他身邊，以滿足他自己的需要，而不是基於對你的關心和愛護。

有時候，他們會用「我愛你」來作為一種操控的工具，試圖讓你忘記他們的錯誤，讓你原諒他們的背叛。他們知道「愛」這個詞對你有多重要，所以才會利用它來達到自己的目的。這種人，是真的愛你嗎？不，他只是愛自己。

記住，愛不是用嘴巴說出來的，是要用行動來證明的。如果他真的愛你，他就不會去做那些傷害你的事情。他會用他的行為，每一天向你證明，你在他心中是獨一無二的，而不是在犯錯之後才突然想起來說一句「我愛你」。

所以，當一個出軌的人對你說「我愛你」時，你得問問自己：這是不是你想要的愛？這種愛能讓你感到幸福嗎？還是只會讓你陷入無盡的痛苦和懷疑中？真正的愛，是會讓你感到幸福、安

把女生當 女神，
她當然把你當信徒；
把男人當 主人，
他自然把妳當奴僕。

你把她當 需要被珍惜的女孩，
才有機會 做一個照顧她的男孩；
妳視他為 懂得照顧妳的男人，
才有可能 當一個被珍惜的女人。

感情的位置 要對等，
才不會有人 被犧牲。

心的，不是讓你不斷地質疑和痛苦。

別被一句空洞的「我愛你」所迷惑，看清楚他的行為，看他是否真的值得你的信任和愛。你值得一個真正會用行動來愛你的人，不是一個只會用言語來安撫你的背叛者。

Q4：無縫接軌算不算出軌呢？

會去思考有沒有無縫接軌這個問題，就代表你們已經分手了，那這個問題其實就不是這麼重要了，因為你們都已經分手了。我知道有些女生可能會想要知道，那他跟我在一起的時候，是不是就已經有這個跡象了，她只是想確認這件事情。

無縫接軌這事，如果發生在你們分手後，那真的不算是出軌。但這並不代表你沒有權利感到難過或是被背叛。畢竟，這種快速轉換的關係，往往會讓人懷疑在你們關係的最後階段，他的心是不是已經飄到別人那去了。這種疑惑和不安，完全可以理解。

這裡面有兩種情況。第一種，如果他在跟你在一起時就已經開始有所行動，甚至可能在情感上早已經背叛了你，那你真的應該慶幸自己離開了這樣的人。沒有什麼不甘心的，對方顯然不值得你的時間和感情。

第二種情況，如果他是在你們正式分手後才開始新的關係，那麼這就僅僅是他人生中的另一章節。沒錯，或許他轉換得太快，讓你措手不及，感到痛苦。但這不代表在你們的關係裡，他

心 動了，
對方卻沒有和你的心 互動，
那麼 心 動久了，
也是會 心累的。

心 累了，就不會想 動了。
慢慢地，也就 心死了。
這份 真心 也就結束了。

沒有盡到自己的責任。

在這個時候，你最需要做的，是關注自己。不要把精力浪費在去追蹤前任的新關係上，那對你來說，沒有任何幫助。相反，這會讓你陷入無盡的猜疑和自我否定中，阻礙你前行。

我知道這很難。看到前任似乎毫不費力就開始了新生活，而你還在原地踏步，這感覺很不公平。但這正是生活，每個人的復原速度和方式都不同。你需要的是時間，和一點點自愛，讓自己慢慢走出來，而不是纏繞在過去的不解和怨恨裡。

無論你的前任是否無縫接軌，重要的是你如何處理這件事情。不要讓這成為影響你自我價值和未來幸福的因素。

如何建立良好的溝通？

要建立好溝通，首先我們應該先做到什麼？

建立溝通之前，你要先確認對方是否有意願跟你溝通，如果只有你自己單方面有意願想跟對方溝通，但對方卻是抗拒的，那就沒有任何意義，溝通可以不必開始。

為什麼對方會不願意溝通呢？應該如何增加他溝通的意願？

一般別人不願意跟你溝通，通常是因為他覺得跟你溝通是沒有意義的，為什麼他會這樣覺得？往往是因為他們感覺到跟你交流似乎無法帶來實質的意義或價值。他們可能對你抱持著某種程度的不信任，或覺得自己的想法和感受不會被妥善理解和尊重。

想讓對方開口，核心就是讓他們感到安全和被尊重。你得首先表現出真誠的開放態度，讓對方知道，他們的想法和感受，在你這裡是有價值的。透過真正的傾聽來建立這種信任，不是等著反駁，而是真的去理解他們的立場。溝通的門總是從聆聽開始的。

那如果已經確認對方有意願，那我們接下來如何進行溝通會比較好？

首先你可以先讓對方，去講他的觀點，然後你在內心說服自己去認同看看。如果說你沒有辦法認同也沒有關係，但你要試著理解他想表達的是什麼。如果你沒有辦法理解他的想法，你也要試著去尊重他的情緒，跟在乎他的感受，絕對不要去做否定跟批判，只要你開始否定跟批判，信任就會停止甚至崩塌，溝通就再

女生 被很多的男生 喜歡時，
真的沒有 多高興；
女生 被漂亮的女生 喜歡時，
才是真的 更高興。

男生 被很多的女生 喜歡時，
不會有人 不高興；
男生 被漂亮的男生 喜歡時，
通常沒有 很高興。

也沒有辦法進行了。

如果我有做到認真聆聽，也非常尊重他的想法，接下來要做什麼？

在這個過程中，你還是要去做適當的回應，你不可以光是聆聽而已，如果說你只是在那邊聽，然後沒有做任何回應，他也會覺得他在和一根木頭講話，他無法確認說的話有沒有意義。

因此你要讓對方知道，你有在試著聽進去他所說的話。你可以適時地問他一些問題做確認，比如說：「你剛剛跟我講的這件事情，是這個意思嗎？」你重複一下你理解的狀態，他才會覺得說：「沒錯，這就是我想表達的意思。」有共識，才能累積信任，建立溝通的基礎。

那當我們要表達自己內心真正的需求時，怎麼說會比較順利？

我通常要跟對方表達我的訴求時，會先讓對方闡述他的需求及感受。我不會直接跟他說，我想跟你溝通個事情，然後就開門見山跟他說，你做了哪件事情讓我覺得不舒服。

我會先問他說：「我最近有沒有做什麼事情讓你覺得不太開心，你可以跟我講，我想要做得更好。」如果他回我說：「你上次有件事情讓我覺得不高興，之後能不能稍微改進一下。」我會先讓他講，不論我認不認同他說的，我都會先同意並表面上虛心接受，跟他說：「好，我知道了。我尊重你的感受，我再想想辦法。」

給女人 安全感，她會 離不開你；
給女人 歸屬感，她會 捨不得你。

說到做到的男人，
才有能力 給予安全感；
因為他 在乎妳對他的信任。

愛屋及烏的男人，
才能讓人 產生歸屬感；
因為他 在乎妳在乎的一切。

先讓對方講完之後，再來講我的，這個差別在於，你會先讓對方感覺到他被尊重了，你如果直接一劈頭就說，我覺得你最近做哪件事情讓我不舒服，或是要求對方檢討，他如果對你心裡也有不滿的話，一定也會覺得說：「我都沒有說你，你怎麼還敢來說我？」

而且當我先做球給對方，問對方我有沒有做的不夠好的地方，如果他的回應是一切都好，沒什麼問題。這樣，我就在這場溝通中占了上風，因為我給了他們機會先講。等到他們說「你做得很好，沒問題」後，我自然而然就有了更好的立場去提出我對他們的看法。這不是要挑剔，而是希望透過相互改進，讓我們的關係變得更好。

相對地如果他們說的話讓我反思到自己的確需要改進，我也可以利用這個機會先檢討自己，再思考我該怎麼表達自己的需求，讓溝通更順利一點。這種方式讓對方更容易接受，因為他們感受到了尊重和平等。

溝通順利，最終雙方卻沒辦法達成共識的話，該怎麼辦？

如果沒有共識的話，我會覺得是誰要承擔比較多，誰要負這個責任，就先以誰的意見為主。假設說，這件事情是對方承擔的會比較多，那我個人就會先用對方的方式去做看看，因為這件事情如果照我的方式去做，萬一結果不理想，卻是你要負責，這做法就不公平。不過我還是會和對方一起設一個目標，如果有達到

男人管妳 並不等於 愛妳，
有可能只是把妳當成物品，
控制欲 其實是 愛自己 不是愛妳。

女人愛你 才會想要 管你，
不在乎的人她們才懶得理，
佔有慾 是因為 不要別人 只要你。

這個目標，就繼續照你的方式去做，如果沒有達到目標，是不是就可以換用我的方式來試試看。

萬一是需要雙方共同承擔結果的話呢？

我之前某任女友，溝通上卡住，我們雙方最後是沒有人退，所以那件事情，就沒有結果。當雙方卡住的時候，有一個人要停，有一個人退，才不會僵持不下。

其實主動溝通的人要有一個心理準備，就是你自己會比較辛苦，你是主動的那一方，包容心要再更強一點，這個溝通比較容易進行下去。溝通這件事，不要太執著於「公平」這兩個字。公平，聽起來很美，但實際上很難做到絕對的公平。因為每個人心中對公平的標準都不同，你覺得公平，對方可能覺得不公平，所以如果僵持在這個上面，那溝通就永遠沒有結果了。

我的建議是，先不要計較誰對誰錯，誰讓步多一點。最重要的是把問題解決，讓這段關係能夠向前走。這需要一方能夠稍微軟一點，能夠先讓步。這不是說你輸了，這是一種智慧。是為了這段關係，你願意先放下自己的執著。

有時候先退一步，反而能看得更遠。當一方願意讓步時，往往能夠打開對方的心門，讓對方也願意妥協，這樣才能找到雙方都可以接受的解決方案。所以，不要那麼在意先退讓的是誰，更不要把這看作是一種「輸」。重要的是結果，讓雙方都能走得更遠。

愛情裡，當你開始搞不懂對方時，
請做好心理準備吧，

因為那是 他將離開你的前兆，
也是 你會失去他的開始。

溝通不是戰爭，沒有所謂的勝者和敗者。溝通是為了解決問題，是為了讓彼此的關係更進一步。所以，主動溝通的你，別太計較，先退一步，或許你會發現，這並不是退縮，而是朝著更好的未來邁進的第一步。

♂ 醫美大叔與網友的Q&A ♀

Q1：我很想跟男朋友溝通，可是我男朋友因為之前跟我溝通不是很順暢，現在就不太願意跟我溝通，拒絕溝通，那我應該要怎麼辦？

如果之前你們已經有很多次的溝通，結果都是失敗告終的話，對方自然就會比較沒有那個意願進行溝通了。因為他會覺得沒意義、覺得浪費時間。

因此你可以試著別一開口就說「我們需要談談」或是「我想跟你溝通」，這會讓人直接警戒起來。其實，要的只是了解他，讓他覺得你在聽，你在乎他的想法。

你得改變策略，別直接攻其不備，先試著從他的角度理解事情。讓他先開口，你就聽著。別急著反駁或說你的立場，先讓他感受到被理解。有時候，人們更願意講話，是因為他們覺得對方真的在聽，而不是準備反駁。

現在的策略是，先理解再回應。這樣，當你提出自己的想法

男人不想 和妳在一起，
是因為 他不想對妳負責任；
女人不想 和你在一起，
是因為 不想你對她負責任。

輕易就可以承諾 和你在一起的人，
通常這種人講話 都不怎麼負責任。

所以即使確立關係 說好在一起了，
也要觀察他有沒有 真的負起責任。
沒有的話，及時停損，收起信任。

時，他也更能打開心扉，因為他覺得你已經在努力理解他了。避免讓「溝通」這個詞成為觸發點。有些人一聽到溝通兩字就像是聽到了戰鬥號角響起，心理防線立馬建起。

試想如果你在街上想要搭訕一個人，直接上前說「我可以認識你嗎？」大概率對方會馬上戒備起來。溝通也是一樣，尤其是當對方已經對「溝通」二字有所戒心。

你需要像是搭訕時那樣巧妙。不是直接跳到主題，而是透過一些輕鬆的開場白，或是談論一些日常小事，慢慢引入正題。讓他先感受到舒適和安全，降低他的防衛心理。就像是慢慢接近，先聊聊天氣、共同的興趣，然後漸漸深入到更個人的話題。

這種溫和而非直接的方式，能讓對方在不知不覺中對話題敞開心扉，而不是立刻搭起一道牆。從聽開始，真正聽他的話，表達你的關心和理解，然後再逐步引導到你想要討論的核心話題。這樣一來，溝通就不再是一場戰鬥，而是兩人之間互相理解和靠近的橋梁。

Q2：吵架算是一種溝通嗎？

有的時候它也是一種溝通，因為有可能在吵架當下，你講話很直接，然後那個直接是之前壓抑沒有說出口的。對方之前並不知道，因此聽到的時候他有可能會突然覺得，對，你講的有道理，或是這才是你真正的想法，所以我不覺得吵架不是一種溝通。

白癡
才會 對
不理不睬 的人
不離不棄。

不過吵架的溝通方式是極有可能傷害到對方的，溝通盡量不要帶有情緒，會比較有效率。

兩人之間感情不好，常常是因為在吵架的時候，為了要吵贏對方，而講了一些難聽的話。而且在吵架的時候，聲音一定會很大聲，一般來說，我們什麼時候講話會需要大聲？一定是你離我很遠的時候，才需要講話很大聲，你才聽得到。因此如果我們距離很近了，彼此還講話很大聲的話，那就代表我們的心，距離非常遙遠。

吵架，是最無奈的溝通手段。當你發現平時溫言軟語、委婉表達都不被對方所理解或重視時，情緒爆發，就成了另一種讓對方「聽見」的方式。但這絕不是最佳選擇，因為吵架時往往伴隨著情緒失控，容易說出傷人的話，這些言語一旦說出口，就像是撒出去的水，收不回來了。

如果你在爭吵中說了些不該說的話，千萬不要吝嗇你的道歉。誠意的道歉能夠修復關係中的裂痕，讓你們的關係變得更加堅固。同時，既然都吵架了，就別浪費了，試著從吵架中學習，了解對方的地雷在哪裡，未來遇到相似情況時，就能更加成熟地處理關係。

Q3：如果我不太擅長溝通，講話的時候容易詞窮，也沒辦法表達完整的想法，有沒有什麼方式可以提升我溝通的技巧？

過去流行：
「男人不壞，女人不愛。」
現今主流：
「男人不乖，女人不愛。」

乖 並不是 要你聽話，
乖 指的是 不要讓她傷心。

可以先做一些事前準備，就像你要開會，或是要上台報告，你可以先把你想表達的東西先寫下來，條列式的寫一些關鍵字跟重點。你可以直接拿著這個然後去跟對方講，我覺得大部分人應該不會是特別的反感，反而覺得你是真的很在乎這件事情。

如果講話這件事情，對你來說還是有困難的話，我個人覺得其實寫信，用文字的方式，也沒什麼不好。你用文字在敘述這些事情的時候，一定會先經過整理。文字有個好處，它本身是不帶有情緒的，當然你也要避免使用情緒的字眼，甚至你還可以用一些詞去潤飾它，讓它看起來是更溫柔的。

開始寫之前，給自己一點時間思考你真正想說的是什麼。什麼是你的核心訊息？你希望對方從你的話中得到什麼？確定了

這些之後，就可以開始條理化地將你的想法寫下來了。

盡量保持語言簡潔明瞭。避免使用模糊的詞語，盡量具體。比如，如果你不喜歡對方某一個行為，直接指出那個行為，並解釋它為什麼讓你感到不舒服，這比說「你總是做一些我不喜歡的事」要有效得多。

同時，用正面語言表達自己的需求和期望。比如，「我希望我們可以多花時間一起做……」比「你從不和我一起做……」來得建設性。

另外，不要忘記表達感激。如果對方在某方面做得很好，或者你感謝他們的某個行為，記得表達出來。這能幫助緩解對話中

覺得自己很漂亮，
就自以為在男人堆裡
很吃的開 的笨女人，
男人想的是 把妳的腿打開。

覺得自己很有錢，
就自以為在女人心裡
很有人氣 的老男人，
女人等的是 你何時才斷氣。

可能的緊張氣氛，並提醒對方，你對他們的努力和好行為是有所察覺和欣賞的。

最後，將寫好的文字給他之前，一定要再次閱讀你所寫的內容。想像一下如果你是接收方，會有什麼感受。這有助於你從另一個角度理解自己的話語，並作出必要的調整。

沒有安全感，是誰的問題？

「人為什麼會沒有安全感？」

人會沒有安全感，最大的原因就是因為，怕自己不再被需要，覺得自己沒有那麼重要了。如果是情侶之間呢，覺得另外一半重視別人勝過自己，不管是行為也好，或者是平常的相處，只要有這種感覺，都很容易產生不安全感。

害怕對方好像不愛自己，產生要失去了的感覺，就會產生不安全感。

那麼產生不安全感是別人或者自己的問題？

這個要看不安全感產生的原因，是合理還是不合理。如果是合理的，那就是對方的問題，如果你自己產生不安全感是不合理的，那可能自己要檢討一下。

怎樣算是合理的沒有安全感？

通常如果你的另外一半跟你相處的行為模式跟之前不一樣，像是以前可能會報備，現在不會報備了，或是以前手機都可以給你看，現在不能給你看。以前會在你面前接手機，現在也不會在你面前接手機。這種只要是跟以前不一樣了，我覺得這樣子的不安全感會產生，就比較合理的。

再來就是他開始說謊了。如果對方有說謊或是隱瞞等行為的話，你會有不安全感也是很合理的。

有事才聯絡的是朋友，
聯絡沒好事的是損友，
沒事也聯絡的是好友，
不敢不聯絡的是女友。

第三點是你的另外一半跟別人做出的一些行為，是只有跟你才能做的。不一定是到肉體關係那麼深入才算，通常情侶出去才會牽手，但如果他跟朋友出去也會牽手，那麼你會產生不安全感，你會吃醋，你會疑惑，你會懷疑他，這是很合理的。

或者情侶之間，就算沒有相處在一起，也會天天傳訊息，這應該是情侶之間才會做的事情，但如果他跟別的朋友，也會做一樣的事情，你沒有安全感也是很正常的。

再來第四點，如果你覺得，他重視別人勝過重視你，把你擺在別人後面，沒有安全感也是很正常。

那怎麼樣的沒安全感算是不合理的呢？

如果說你要求另外一半不可以跟任何異性聯絡，有些女生會對男友說：「你只要跟別的女生太好，我就沒有安全感。」

「太好」的定義，要審視一下，這個世界上不是男人就是女人，我們一定會有異性的朋友，或者必須去接觸異性，除非你是軍人，你的生活當中就只有男生，或是一個女生她在醫美診所上班，她生活周遭也幾乎都是女同事或是女客人。但除此之外，如果是一些自然而然認識到的新朋友，適當的聯繫、適當的接觸應該是合理的。

如果你是因為自己沒有安全感，去要求對方，你不可以跟任

好 是可以裝的，
壞 是用不著裝的。
所以一個人
好的一面，不一定是真的，
但 壞的一面，通常都是真的。

見到了他 壞的一面，
再不離開，你 就是傻的。

何異性聯絡，我覺得這就比較不合理，而且很不健康。

第二點，如果對方他平常都有在跟你報備了，但是你卻不相信他，一定要查得很細，常常問「你現在在幹嘛？可以拍照給我看嗎？」甚至要他開視訊。

如果對方曾經有過欺騙你的前科，你這樣要求還算勉強可以理解。但如果說，他之前就從來沒有做錯過什麼事情傷害你，但是你卻一直不斷去質疑他、懷疑他，我覺得這樣子的不安全感就是不合理的。

第三點是，如果你是為了要滿足自己的控制欲，規定對方一定要幾點之前回家，然後不可以跟朋友出去聚會，甚至跟他說

「你只要不在我的掌控內，我會沒有安全感。」為了滿足自己，把對方控制住，才會有安全感，像這樣的不安全感也很不合理。

然後第四點是，如果是用情緒勒索的方式，去獲取你自己的安全感，我覺得也非常不合理。

如果對方對我情緒勒索，然後說：「為了你，我都沒有跟朋友出去喝酒，我都沒有那麼晚回家，我也不會跟朋友去唱歌，那你也不能去做這件事情，因為你做這件事情的話，我會沒有安全感，我都沒有這樣做，你怎麼可以這樣做？」

我可能會覺得，說不定是你本來就沒什麼朋友，你用自己選擇的社交方式，來要求我是不公平的。如果你跟我說「我都沒有

一個深愛妳的男人，
會希望 妳是他的責任；
一個不愛妳的男人，
會害怕 妳要他負責任。

一個愛著你的女人，
會期望 你付得起責任。
一個不愛你的女人，
會擔心 你想要負責任。

任何的朋友，所以你也要跟我一樣。」任何人聽到都會覺得不太合理吧？

其實合理跟不合理，最重要的還是要建立在信任之上，如果你是那種完全不信任對方，然後也不給對方一個比較健康的社交空間，我覺得那都是屬於比較不合理的不安全感。

天生缺乏安全感的人，有什麼辦法可以跟對方溝通，讓自己比較有安全感？

其實人跟人之間，每個人對安全感的需求都不太一樣。有自信的人就比較會有安全感，沒有自信的人通常就比較沒有安全感。

相處在一起，一定要互相磨合，你當然可以提出，你做哪些事情會讓我沒有安全感，我覺得這可以溝通，可是要有一定的範圍，因為你不可能去改變對方，談戀愛的原則就是不要想去改變對方。

你可以提出你會擔心的點，如果說對方他從來都是一個不太報備的人，可是你習慣就是要有一個報備的行為，你會比較安心，我覺得你可以跟對方溝通。但是就如剛才我所提到的，千萬不要期望對方變成另外一個人。如果他本來就不是一個會報備的人，那你可以提出一個方案：「我需要你報備，但是我的報備比較簡單，你只要在早上出門的時候跟我說你要去上班了，晚上回到家你跟我報備一下，你到家了。或者你要跟別人出去，你也跟

會愛你的人，
會在乎 你的感受，
會希望 你被愛 變得更好；

只愛自己的人，
只在乎 自己的心情，
只希望 自己得到 所有的好。

一個值得你愛的人，
不會讓你 剩下的 越來越少。

我報備一下，讓我知道你人在哪裡，我會比較安心。」

而不是硬逼對方就是要照你心目中的最高標準來報備，他去哪裡，都要講是跟誰，然後那個人是在哪裡認識的，他們之間有什麼糾葛之類的。不用去問那麼細，兩個人在一起，適當的「調整」是合理的，但想要「改變」對方就是讓彼此都吃力不討好。

適當的磨合，其實是有一個範圍的，一定有個上限跟下限。只要可以調整上限跟下限，讓雙方都達到一樣頻率的話，就已經很完美了。但如果你要A變成B，他就不是那種人，你硬要他變成另外一種人，那你們一定無法長久的。

再來，如何建立自己的安全感？

首先你一定要肯定自己是獨特的，因為只要你肯定自己是獨特的，你就會相信自己不會被取代的，因為你是最獨特的，怎麼有人可以取代你呢？即便對方他要的不是你，也不代表你不好，只是因為你不是他要的。你自己的價值，只有自己可以評斷。

沒有安全感最大的原因，還是在於自信心不夠，如果我的另外一半，他要跟我分手，或是他劈腿了，我也不會去否定自己。

是對方沒有眼光、對方不識貨、或是對方太貪心了，我們要的東西不一樣。我對我自己很有自信，我覺得我是一瓶紅酒，但如果對方不懂得品酒，他可能就是喜歡喝啤酒，他就是喜歡這種啤酒配下酒菜的感覺。

當小朋友不再吵著要吃糖，
即使你用餵的，他也不見得會吃了；

當女朋友不再纏著要你陪，
即使你抱再緊，她也不見得會留了。

啤酒沒有比紅酒不好，只代表我不是他要的，但我不會因為我不是他要的，就去否定我自己，所以我覺得最重要的就是，永遠都不需要去否定自己。

那我們自己要如何給對方安全感？

我剛有提到，安全感它基本的核心就是，兩人之間必須要有信任感。信任感要怎麼產生？其實也可以從認同感這邊著手，必須要讓對方感受到一件事，我是無條件去認同你的，不管你今天有沒有走下坡，我都還是會認同你對我是重要的。

因為對方會沒有安全感，有可能就是他覺得他自己不夠好，但是每個人都會有狀態好的時候，跟狀態不好的時候，我會讓對方去相信一件事情，無論你現在是好是壞，對我來講都是非常重要的，並不是因為你好，我才需要你，即便你現在狀態不好，你還是對我有意義的。

你要讓對方知道，你對他有這樣子的認同感，然後甚至進一步去建立這個人對你有歸屬感，讓他知道，即便他過得不好，你也一定會接納他、幫助他，只要你給他這樣安心的感覺，那就一定會有安全感。

如何做到即使別人丟棄你了，也都不會缺乏安全感或自信？

其中最重要是，你一定要喜歡現在的自己，你必須肯定現在

愛，是不會懶的；
懶，是不夠愛了。

的自己，認同現在的自己，只要你喜歡現在的自己，那麼你過去發生的任何事情，任何不開心的經歷都是有意義的，因為那些事情造就了現在的你。

沒有人是人見人愛的，我不可能讓每個人都喜歡我，這才是正常的。所以我不會因為別人不喜歡我，就去否定我自己，我相信他不喜歡我，但是還有其他人會喜歡我，這是一種對自我價值的肯定，也就是我前面一直在強調的，別人不喜歡我不代表我不好，只代表我不是你現在所需要的而已。

人不用一直去追求自我的價值，但是人一定有你自己的意義，存在就是一種意義。當你相信自己是獨一無二，沒有任何人可以跟你比較的，那對你而言，你就會是最強大的存在。

“另外一半偷吃了，該怎麼辦？”

「哪一種人比較會偷吃？依照經驗，是不是帥的比較容易偷吃？」

當然，帥的當然一定很容易偷吃，因為他長得很帥啊，很多女生會倒貼，偷吃的機會就多了。

「不帥的就不會偷吃嗎？」

其實也不一定，有些不那麼帥的男人，為了證明自己的魅力，可能會用搞笑的方式，或者是比較溫柔的方式，去對女生示好，這種人也會有偷吃的本錢。

「是不是有錢的男人特別容易偷吃？」

當然，經濟能力也是一種魅力，很多女生會愛慕他的財力，偷吃的機會也很多。

「沒錢的就不會偷吃嗎？」

其實也不一定，沒那麼多錢的男生，通常悠閒的時間會特別多，所以他可以花很多時間去陪女生、去討女生歡心、去偷吃。

「是不是性格偏外向的男人比較容易偷吃？」

因為朋友圈廣泛，所以他的朋友當然很多，認識的女生一多，偷吃的機會就多了。

「那不愛説話的就比較不會偷吃了吧？」

你有聽過一句話叫做「惦惦呷三碗公」嗎？因為他很安靜，所以他身上有一種神祕感，有時候反而會吸引一些思想很特別的女生，想要主動認識他。

「聰明」跟「經驗」
都不一定 可以幫妳判斷
一個男人是不是渣男，
只有「時間」可以。

男人的觀察期，是 一輩子。

「所以，那就是所有的男人都會偷吃囉？」

不是所有的男人都會偷吃的，而是所有的男人都「有可能」偷吃。男人偷吃，跟他的外在條件，還有內在性格，沒有絕對的關係。要判斷一個男人會不會偷吃，還是要透過你的觀察和判斷。

根據觀察，有沒有哪種男人比較不會偷吃呢？身邊不乏男生朋友，大家聊起這話題時，不少人坦承曾偷吃，但也有少部分從未有此行為。

通常這種人的道德感都比較強烈，不會因為心想：「應該不會被發現吧？」就去做這件事情，因為他知道這件事情是不對的。

可能他開車時，路邊紅線他就真的不停，絕不會抱著僥倖心態。他可能也不會隨地亂丟垃圾，甚至在路上撿到錢就會送去警察局。

這些道德感比較強烈的朋友，通常也比較挑朋友，他們都會跟比較正直的人交往。如果他身邊的朋友都是屬於這種比較正直的，通常偷吃的機率會小一點。

還有就是重視承諾的人也比較不會偷吃，因為他們會覺得，跟一個女生在一起，肉體上的忠貞就是一種承諾，跟你在一起時我只能跟你上床，不能跟別人發生關係。如果背棄自己的承諾，他會看不起自己，是一種對自我要求比較高的男生。

喜歡一個人，從 感覺 開始。
依賴一個人，從 味道 開始。
習慣一個人，從 自在 開始。
愛上一個人，從 思念 開始。

第三種就是，真心在乎你感受的人，就是他非常有同理心，他知道如果他去偷吃，你知道了會很難過，他一想到你會那麼難過，他自己也會難過。

再來就是在關係中比較透明的人，沒有太多自己的祕密，對女友都很公開，不會讓你找不到他，而你都知道他在幹嘛，甚至連手機都不怕給你看，那就代表他沒有任何不能讓你知道的事情。

最後還有一種，但這比較少見，那就是沒有辦法性愛分離的男生，他覺得如果很愛他自己的女朋友，他就不會想偷吃。一旦他偷吃了，就代表他已經不愛女朋友了。

不是說有以上這些個性的人就絕對不會偷吃，而是就我自己身邊的朋友，我觀察到比較不會偷吃的男生，大多都有這樣的特質。絕對不能以偏概全，看到某些優點就覺得一定不會偷吃，自己還是要根據情況判斷。

再來還有一點很重要的是，男人為什麼會想要偷吃？

其實偷吃的原因真的是太多了，可能寫二十幾本書、三十幾本書都寫不完。但最主要大部分偷吃的心態都不是因為吃不飽，而是貪吃。學生時期上課時想要偷吃點東西，你偷吃那些小餅乾、小零食難道是因為你肚子餓嗎？其實有時候是在追求刺激，有時候是太無聊，有時候就是嘴饞，但這些都是因為貪吃的心態。所以我覺得，沒有一個絕對的原因。

有時候
再怎麼努力做到最好，
也是會被拋棄的。

因為你再怎麼好，
也已經不是他要的了。

你從來都沒有不好，
不好的，一直都是始亂終棄的那個人。

面對偷吃，我們應該要怎麼做？當你發現你的另外一半偷吃，第一件事情你要先處理好自己的情緒，整理一下自己的狀態，永遠不要否定自己，不要覺得對方偷吃是自己不對，是不是自己沒有魅力了，或是最近沒有多關心對方之類的。

千萬不要這樣怪罪自己，即使真的有一些相連的原因，也不能成為合理化偷吃行為的藉口。就算他真的想偷吃，他也應該先處理完你們之間的關係，才能去尋找下一個人。

我曾經認識一些女生，她們發現自己男朋友會偷吃後，竟開始質疑自己、否定自己，看到男友偷吃的對象身材很好，就反省自己是不是身材不夠好，而想去抽脂或是整形。你自己是受害人，千萬不要檢討身為受害人的自己。

你可以讓自己更好，但永遠都不要為了別人，而去做任何傷害自己的改變。

在你平復了情緒之後，接下來的步驟就是深思熟慮，考慮他是否真的值得你繼續投入時間和感情。想想看，如果他在日常生活中對你的態度平平，甚至不能讓你感到幸福，現在又發生了出軌的事情，這樣的人真的值得你繼續留在他身邊嗎？

如果你回顧過往，發現他確實有很多讓你感到被愛和珍惜的時刻，只是你無法理解或接受他的出軌行為，那麼，單憑自己的猜測和混亂思緒來判斷他的愛，是很困難的。此時，你真正需要

你笑女人胖，
就好比 女人嫌你窮一樣，

一點也不好笑。

考慮的是，他是否還想要與你共同面對未來，他的心是否仍然屬於你。不要讓自己陷入無盡的假設和懷疑中，直接與他溝通，尋找答案才是解決問題的關鍵。

我們往往會本能地認為，如果對方出軌，必定是因為不再愛我。這時候，與其在猜疑和自責中徘徊，不如勇敢地開啟一場坦誠的對話。如果他的反應是試圖將責任推卸給你，用像是「大家不都這樣嗎？又不是只有我會偷吃。」或「還不是因為你都沒有時間陪我。」來為自己開脫，這樣的人，即使他表達了想要和你繼續在一起的願望，也強烈建議你重新考慮這段關係的價值。

絕對不要因為一時的軟弱而選擇原諒這樣的態度。當他對自己的錯誤缺乏誠意的反省，這明確地告訴你，他並不值得你再投入更多的感情。然而，如果他真心感到後悔，並且表現出真誠的悔改，那麼你或許可以考慮給予他一次機會，深入探討這段關係是否還有挽救的可能性。雖然他有可能只是在表演，但至少，誠意的存在給了這段關係一絲希望。

所以重點就是，對方對你到底還有沒有愛，他是不是還愛著你。如果是，你再去思考下一個問題：偷吃的原因是什麼？有沒有可能被修正？

假設他的問題是太愛喝酒了，喝醉了以後就酒後亂性，那是不是他以後不要喝酒喝到爛醉，並且喝酒時要跟你報備，就有機會可以避開未來偷吃的可能。

其實 男人追女人的 招，
女人都 看得穿；
因為 男人追女人的 招，
真的都 差不多。

你越覺得你是個 情聖，
她越覺得你根本 太嫩。

成年人的愛情，是 無招勝有招，
最有用的絕招，是 說到就做到。

若他的理由是，你們是遠距離戀愛，他覺得很寂寞，所以才偷吃。那你可能就要放棄了，因為你們之間的問題是不能改變的，繼續下去可能還是會導致他第二次、第三次的偷吃，所以是沒有結果的。這種情況你就可以不用放太多心力了，因為他偷吃的原因沒辦法透過努力去改變。

最後一個問題是，你要設定一個恢復信任的期限，這是對自己負責任的態度。每段關係的性質不同，值得投入的時間和精力也自然有所差異。例如，如果你們只是剛開始交往，而對方就展現出了出軌的行為，那麼你可能根本就不會對這段關係感到可惜，早點結束反而是對雙方都好的選擇。

相反的，如果你們共度了長時間，感情基礎深厚，發現出軌行為後的你，可能不會那麼容易做出放手的決定。在這種情況下，給自己設定一個期限，無論是三個月、半年，或者更長的時間，去試著重建那份曾經的信任。如果在期限結束時，你發現自己依然無法重拾對對方的信任，或許是時候認真考慮未來的路該如何走了。

對於婚姻來說，事情無疑更加複雜。情感投入更深，共同生活的細節更多，分開的代價和後果也更為嚴重。即便如此，為自己設定一個清晰的期限依然十分必要。這不僅是對自己的尊重，也是一種對未來可能的幸福的追求。長時間的猶豫不決和無限期的等待，最終只會加深傷害，耗盡你的精力和生命。

給自己一個期限並不意味著你在這段時間內必須做出最終決

男人總是希望
找到一個像女兒
一樣聽話的女人。
找到的話，
請把她當女兒一樣地疼愛。

女人則是渴望
遇到一個像爸爸
一樣愛她的男人。
遇到以後，
她也會像女兒一樣地可愛。

定，但它可以幫助你更清晰地看待問題，更勇敢地面對可能的選擇。

要是你設了期限後，發現自己還是走不出那陰影，那你就得面對一個現實：有些裂痕是永遠補不回來的。不是說你不夠努力，也不是說你們之間的愛不夠深，而是有時候，人和人之間的信任一旦破碎，要想完整無缺地恢復原狀，幾乎是不可能的事。

這時候，你得問問自己：我還願意繼續在這段關係裡付出嗎？我能接受一個可能永遠都有裂縫的關係嗎？如果答案是肯定的，那你可能需要找到新的相處模式，接受這段關係已經改變的事實。但如果你發現自己做不到，那麼最勇敢的選擇就是放手。

放手並不代表你輸了，也不代表你們之間的愛白費了。而是代表你可以騰出手，拾起新的機會、接受新的幸福、掌握新的未來。

♂ 醫美大叔與網友的Q&A ♀

Q1：另外一半如果偷吃了，就是代表不愛我了嗎？

其實不太能夠因為一次的偷吃，就否定這個人完全不愛你，愛是流動的，有時候一段關係裡，可能最近這段期間我愛你特別多，但是可能過了一段時間，我愛自己比較多，每個人都一樣。

就這件事來說，如果他偷吃了，這不代表他從頭到尾、始終

比較愛自己的人 應該和
比較愛自己的人
在一起；

比較愛對方的人 只能和
比較愛對方的人
在一起。

這樣 比較不會有人受傷。

都不愛你。不過可以肯定的是，在他做出那個決定的瞬間，他更愛的是自己。他選擇滿足自己的渴望、自己的需要，而不顧你的感受。這是一個很現實的問題：當一個人在關係中選擇滿足自己的慾望時，無論他嘴上說多少次「我愛你」，那一刻他的行動已經說明了一切。

讓我們說得更直白一些。愛，這個字眼太沉重，也太容易被濫用了。你得明白，愛不只是一個口頭禪，不是今天說了明天就能反悔的承諾。愛是行動、是在乎、是尊重、是顧及到對方的感受，即使是在誘惑面前也能堅守底線的力量。

如果他因為一時的衝動或是所謂的「機會」而背叛了這份愛，在那一刻，他忘了要如何去愛。或者說，他選擇了一條更容易、

自私的路。這可能是人性的弱點，也是不能輕易原諒的錯誤。

當然，人非聖賢，孰能無過。每個人都有可能犯錯，關鍵在於他之後怎麼做。如果他真心悔改，願意為了挽回這段關係付出實際的努力，那麼或許還有轉機。但這一切的前提是他得真的懂得什麼是愛，懂得怎麼去愛。

Q2：偷吃是可以被原諒的嗎？

當你需要去思考要不要原諒的時候，你已經受到傷害了，只有你自己才會知道這個傷害有多痛。沒有任何人能夠告訴你，該不該原諒他。不過如果是我被傷害，為了放過我自己，我會選擇原諒，因為不原諒的話只會讓我更痛苦，所以原諒他不是要讓他

男人習慣 和
認同 他想法的女人 相處。

女人喜歡 和
尊重 她想法的男人 相愛。

好過，而是要讓我自己好過，讓自己不要再受到仇恨的影響。

原諒他，不代表要重新的信任他跟接受他，如果不想再見到他的話，我還是會離開他，因為原諒他不是因為他值得被原諒，而是我值得過更好的人生。

偷吃這種行為，終究是一個選擇。當一個人決定去背叛，去偷吃的時候，他已經放棄了和你共同維護這段關係的權利。所以，當你站在這條分岔路上，考慮是否要原諒他，首先要問的不只是他是否值得被原諒，而是你是否也準備好再次面對可能的背叛。

原諒是一種力量，需要勇氣和寬容。更重要的是，原諒不應該是一種被動的接受，而是一個清醒的決定。你原諒他，不是因為他做了什麼或他說了什麼，而是因為你不想讓這件事情成為你生活中的一塊絆腳石。你原諒他，是為了讓自己能夠繼續向前走，而不是被過去的錯誤拖住腳步。

在這個過程中，別忘了聽聽自己的內心。有時候，我們會因為害怕孤單、害怕改變，而選擇忽略自己真正的感受。問問自己，我是不是真的能夠接受並原諒他的出軌行為？我是不是真的還愛他？如果答案是肯定的，你們都願意為了這段關係努力，那麼給它一個機會也不是不可以。但如果你發現自己只是出於習慣、責任或是其他原因而勉強自己，那麼最好的選擇或許是放手。

女人總是很容易
看清 男人的伎倆，
因為她們 經驗 夠多了；

男人卻總是很難
看透 女人的心機，
因為他們 精蟲 太多了。

男人的弱點是 太在乎 性，
女人的弱點是 太需要 愛。

如何放下一個傷害你的人？

怎麼放下一個人？放下一個人這件事情，不像我們放下一個東西這麼簡單，你無法用意識主動地去做出這個行為，因為其實放下一個人比較是屬於被動的心情。

當你想要去忘掉一個人，是不可能主動刪除某段記憶，然後下一秒就忘記，那是肯定辦不到的。一定是等到你有一天，突然覺得這個人不重要了，你已經想不起來了。你已經不知道為什麼當初你要為了他很難過之類的，那你才是真正的放下了，所以它永遠是屬於被動的。你不應該一直去想：我要怎麼放下，我要怎麼放下……你反而應該是不要再去想這件事情。

「我真的忘不了，我真的好想忘掉他，有沒有什麼具體的做法？」

你會放不下一個人，我覺得最主要是因為你捨不得，捨不得他的好，才會放不下，你會一直去想到交往的時候他對你的好，他的細心，甚至是他長得很帥，會想到很多的優點，越是想這些優點，就會越捨不得，會覺得自己失去了一個重要且美好的東西，我們都不喜歡失去的感覺，所以你就會更放不下。

因此，我會嘗試從他的缺點著手，試著去培養對他的一種厭惡感。當然，這種厭惡不是指要互相傷害的那種，也不是說因為對方傷害了我，我就要報復。就像愛情中有那種帶有惡意的愛，例如那些恐怖情人的愛戀，明顯就是帶著惡意的愛。而恨，我認為也有它的兩面性，有帶著惡意的恨，也有帶著善意的恨。帶著惡意去傷害他人，那絕對是惡意的恨。

不要去責怪
別人為什麼不相信你，
應該要檢討
為什麼別人不相信你。

信任感 永遠都是需要
用誠意、時間、態度
自己去爭取而來的。

只會怪別人的人，最不值得被信任。

但如果我只是在心裡反覆思考對方的不好，那些因為不合適而分開，或是他為什麼會離開我的原因，持續思考這些讓自己對他產生一些厭惡感，這些對我們自己而言，就是帶有善意的恨。這樣做的目的，是讓自己不要一直沉浸在對方的好之中。

很多人都會問自己，「為什麼我就是忘不了他？」常常是因為我們一直回味過去的美好，思考「如果當時……」這種事。要找到根本原因，為何忘記一個人這麼困難，關鍵詞就是「習慣」。你已經習慣了他的存在，習慣了每件事都會聯想到他，習慣了他的關心，習慣了生活中有這麼一個人。當你感到無法放下或忘記某人時，根本上是因為你尚未適應他不在你生活中的狀態。

要讓自己建立新的習慣。心理學研究顯示，人們養成一個新習慣需要的時間長短不一，有的人可能十幾天，有的人則需要二百多天，但平均而言大約是六十六天。這意味著，你至少需要給自己兩個月的時間來適應新的生活模式，這還只是最基本的。更多的研究和報告指出，二到八個月的時間都是有可能的，因為越是焦急，你就越容易陷入對方的回憶中，反而更難以放手。

所以，開始試著為自己建立新的習慣，取代那些與過去相關的舊習慣吧。

首先，培養「自我陪伴」的習慣。不要期待有人來填補那個空缺，因為真正能讓你強大的，是自己。比如說，你過去習慣和他一起去的咖啡店，現在，你就試著自己去，帶一本書，享受那

你有 你的理由，
我有 我的感受。
錯了，就別解釋 那麼多。

我不需要 去理解你的理由，
我只在乎 我被傷害的感受。

誠意，不應該是 光用嘴巴說；
道歉，需要的是 彌補的行動。

份獨處的時光。開始學習欣賞和自己獨處的美好，而不是將之視為孤獨。

其次，增加「體驗」的習慣。這不是要你刻意去忘記過去，而是要你豐富現在。找一些你從未嘗試過的活動，比如攀岩、烹飪課或是語言學習，讓自己的生活有新的焦點。當你專注於學習新事物時，過去的記憶自然就會淡化。

再來，強化「社交」的習慣。增加與朋友的互動。有時候，朋友就是最好的療傷藥。不要把自己關在過去的回憶裡，接受朋友的邀請，去參加聚會，或是自己發起活動。在新的社交環境中，你會發現生活還有很多美好值得你去探索。

最後，確立「目標」的習慣。這可以是工作上的，也可以是個人發展的。當你有了新的目標，就會有新的動力去追求，你的注意力也會從過去的回憶轉移到實現目標上。這樣一來，你就會發現，生活中還有很多事情是值得你去努力和期待的。

♂ 醫美大叔與網友的Q&A ♀

Q1：男朋友一直不把前女友的照片刪掉，這就代表他還放不下前女友嗎？

作為一個過來人，讓我來跟你說說。我高中時的那段戀愛，連同所有的情書、紙條，到現在二十多年過去了，我還留著呢。那你問我是不是還念念不忘她？事實是，我早就走過了那段路。

如果你希望 別人記得你的好，
那就不要 輕易忘了別人的好。

如果你喜歡 別人一直對你好，
那就應該 懂得對別人一樣好。

自私 的人，才會 雙標。

對方已經有自己的家庭了，我也過著自己的生活。最近搬家時又翻到這些東西，我留下這些，不是因為忘不了對方，而是懷念那個青澀的自己。

所以，我想說，別太鑽牛角尖了。保留舊照片並不意味著放不下。有時候，他可能只是想重新看看過去，不是為了回憶那個人，而是為了回憶那個年輕、有趣的自己。真的，刪不刪照片這件事，與是否真的放下，沒有直接的聯繫。有時候，當發現那些回憶不再那麼重要時，自然就會選擇放手，不再保留。

這個問題的核心其實不在於那些照片，也不是關於他是否還掛念著過去的人。真正的問題是你們之間的信任和溝通。如果你因為幾張舊照片就懷疑他的愛，那你們之間可能需要更深入的對話。不過，我也懂，愛情裡誰不是有點小脆弱、小敏感呢？這很正常。

但你要知道，一個人的過去造就了現在的他，包括與前任的回憶也好，那些經歷讓他成長，最終成為了你眼前這個人。所以，你不必對那些舊照片過於敏感。重要的是他現在選擇與誰共度時光，那個人是你。

當然，如果這件事真的讓你心裡不舒服，你絕對有權利表達你的感受。溝通是關鍵，告訴他你的擔心和不安，看他怎麼回應。一個成熟、願意為關係負責的男人，會傾聽你的擔憂，並與你一起尋找解決之道。

失戀 單身了，
會有 沒人可以想念的 失落感，
也會有 一個人睡覺的 空虛感；
但 不會有怕失去的 不安全感，
也 不用擔心對方的 沒責任感。

最棒的是 ，
不用再體會 被背叛的 疼痛感。
不會再感受 被拋棄的 撕裂感。
如果 對方總是讓你 心碎，
那麼 你要單身才會 萬歲。

Q2：如何可以加速放下一個人的時間？

要加速放下一個人，關鍵在於讓自己保持忙碌和充實。當你全神貫注於其他事務時，時間彷彿會悄悄地溜走，你對那個人的思念也會隨之淡化。就像在極度忙碌的日子裡，你會驚訝於時間怎麼過得這麼快。所以，找些事情做，讓自己的生活充滿目標和動力，不僅可以幫助你轉移注意力，還能讓你在過程中發現新的自我價值和樂趣。

放下一個人並非意味著要將他們完全從你的生活中抹去，而是學會如何在沒有他們的情況下，依然過得充實和快樂。

讓自己忙碌起來，除了可以轉移注意力，更是一種讓自己成長、發展的過程。這個「忙」不是指無止盡地加班或是把自己塞進一堆社交應酬裡，是要有意義、能讓你成長的忙碌。

試著從小事做起。例如，每天給自己設定一個小目標，完成後給自己一點小獎勵。這個目標可以是任何對你來說有正面意義的事，例如早上起床後做簡單的運動、讀幾頁書、學習一門新語言的幾個單字。

當你開始享受這些活動並從中獲得成就感時，你會發現自己對過去的執著逐漸減少，心中的空缺也慢慢被新的經歷和回憶填滿。

想要加速放下，就要盡全力逼自己嘗試新的事物。新鮮感是

讓女人 不開心的是：
你不知道 她為什麼不開心；
讓男人 不高興的是：
妳要他猜 妳為什麼不高興。

女人在乎 感覺，男人想要 直接。

偏偏
很多男人 抓不到感覺，
很多女人 做不到直接。

很重要的藥方，它能讓你的注意力從過去的回憶轉移到現在的經歷上。你可以嘗試以前沒做過的運動，學一門新的技能，甚至去一個從未去過的地方旅行。新的經驗會給你新的視角，幫助你更快地從過去的關係中抽離出來。

Q3：分手後到底要不要退追蹤前男友？想讓他看到我變得更好的樣子。

老實說，他剛跟你分手的時候，男人根本就不在乎你做任何事情，你變多好，他都會覺得跟他沒有關係。為什麼呢？因為他目前對你是沒有興趣的，在他對你沒有興趣的情況下，你做任何事情都是沒有什麼太大意義的，因為他不在乎。

常聽人說，要怎麼去報復前男友呢？很多人說你要變得更好、變得更漂亮、瘦身成功、或是去做醫美變得煥然一新，後來前男友又回來找你，你可能會覺得自己好像贏了。

我可以理解這種心態，但是我必須要跟女生講，這些都是不可能一下就發生的。可能至少要半年，甚至一兩年後，他才會有那麼一點點想起你。如果你覺得等不了那麼久，以剛分手不久來說的話，我建議是不要去在意他怎麼看待你。

寧可讓其他的男人看你過得更好，去吸引新的男人，尋找新的戀情，我覺得那更有意義。變得更好不是為了讓前男友看到，你現在變好，是要讓其他人、讓你自己看到。

聰明的男人 適合一個
比他聰明的女人，

聰明的女人 需要一個
懂得讓她的男人。

如果你真的想要讓自己過得更好，要做的其實是斷開與過去的所有連結。最好是不再追蹤他的社交媒體。你可能會想，這樣做會不會太絕情了呢？但其實，這是對自己的一種保護。持續追蹤他，只會讓你陷入無止盡的自我懷疑和猜測，這對你的情緒恢復毫無幫助。

View 147

醫美大叔的戀愛腦摘除手術

作　者—醫美大叔・萬寶城
主　編—李國祥
企　畫—吳美瑤
董事長—趙政岷
出版者—時報文化出版企業股份有限公司
一〇八〇一九臺北市和平西路三段二四〇號三樓
發行專線—（〇二）二三〇六—六八四二
讀者服務專線—〇八〇〇—二三一—七〇五
（〇二）二三〇四—七一〇三
讀者服務傳真—（〇二）二三〇四—六八五八
郵撥—一九三四四七二四時報文化出版公司
信箱—一〇八九九臺北華江橋郵局九九信箱
時報悅讀網—http://www.readingtimes.com.tw
電子郵箱—genre@readingtimes.com.tw
法律顧問—理律法律事務所　陳長文律師、李念祖律師
印　刷—家佑印刷有限公司
初版一刷—二〇二四年四月十九日
定價—新臺幣三八〇元

時報文化出版公司成立於一九七五年，
並於一九九九年股票上櫃公開發行，於二〇〇八年脫離中時集團非屬旺中，
以「尊重智慧與創意的文化事業」為信念。

醫美大叔的戀愛腦摘除手術 / 萬寶城著. -- 初版. -- 臺北市：時報文化出版企業股份有限公司, 2024.04

面；　公分. -- (View；147)

ISBN 978-626-396-143-2(平裝)

1.CST: 戀愛心理學 2.CST: 兩性關係

544.37014　　113004730

ISBN 978-626-396-143-2
Printed in Taiwan